U0009694

中國窪地

一部內亞主導東亞的簡史

劉仲敬 著

希臘
格魯吉亞
土耳其
阿塞拜疆
烏茲別克
斯坦
土庫曼斯坦
塔吉克斯坦
伊拉克
埃及
伊朗
阿富汗
巴基斯坦
沙烏地
阿拉伯
蘇丹
厄立特里亞
南蘇丹
也門
蒙古
北韓
韓國
中國
台灣
尼泊爾
不丹
孟加拉
共和國
緬甸
印度
呂宋
Luzon
Mindanao

目錄

第一講 外伊朗黃金時代的內亞秩序

第二講 內亞海洋與帝國制序

第一講　外伊朗黃金時代的內亞秩序

1、內亞是文明輸出的旋轉門

我們先在地圖上劃出一條邊界。這條邊界從涅瓦河開始，向南沿著聯結波羅的海和黑海的水道到達第聶伯河，從第聶伯河一直到黑海海口；然後沿著黑海的北海岸向東延伸，直到高加索山，沿著高加索山延伸到裏海，然後通過阿姆河和錫爾河的河間地向東延伸，把線一直劃到帕米爾高原；然後沿著帕米爾高原和喀喇崑崙山、喜馬拉雅山南下，直到印度河沿岸，然後順著印度河向西南方劃下去，一直劃到海口；然後沿著印度洋的邊界，把這條線一直劃到紅海和印度洋相交的海角；然後這條線向西，沿著撒哈拉沙漠一直劃到大西洋。

我們把這條想像的線劃出來以後，從這條線往西、往北，包括現在的地理歐洲和整個環地中海地區的一個「大歐洲」，就是人類已知文明的核心區；圍繞著這個核心區自西向東，是西非、上尼羅河、印度（南亞）次大陸和東亞大陸，這四個地區是圍繞核心區的次級文明地帶；比這更遠的非洲南部、澳洲和太平洋群島以及南北美洲，是最遠的文明邊緣區。這就是世界文明從產生到擴張、從中心到邊緣的一個基本盤。

內亞就位於核心文明區聯結東亞大陸和南亞次大陸的自動旋轉門上面，它的區域就是從第聶伯河東岸的烏克蘭草原一直延伸到大興安嶺和用柳條邊❶所圍住的滿洲邊沿，這個區域的作用就是一個旋轉門。所謂的內亞黃金時代，就是從阿契美尼德王朝❷征服巴比倫開始，到河中地區❸的帖木兒帝國❹結束的這段時間。在這段時間內，內亞既是文明核心區的秩序向東和向南輸出的旋轉門，也是南亞

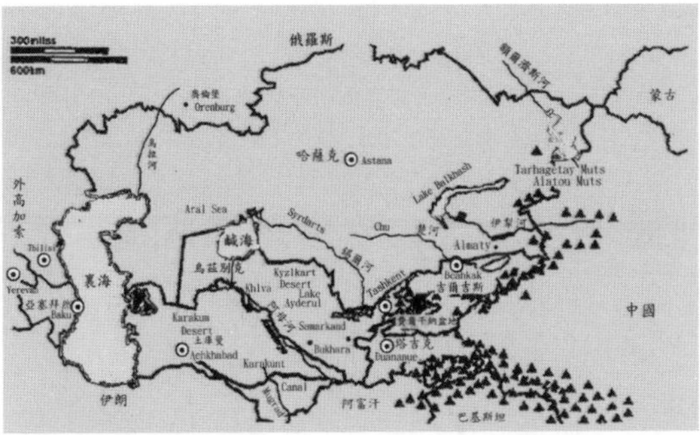

內亞地圖，內亞位於核心文明區聯結東亞大陸和南亞次大陸的自動旋轉門上，其區域從第聶伯河的烏克蘭草原一直到大興安嶺和滿洲地區。

❶ 十七世紀時，清政府為加強對滿洲地方的管制，先後兩次在盛京（現遼寧省瀋陽市）一帶修築堤防壕溝、並沿壕溝種植柳樹，故有此稱。柳條邊內外均設立禁區，限制人口進出。一八七三年，柳條邊和與其配套的邊防建制均被撤廢。

❷ 阿契美尼德帝國的起源是阿契美尼斯建立的一個小王國。到了前六世紀，傳國至居魯士二世（「大帝」）時，居魯士先起兵擊敗了米底王國，而後他又消滅新巴比倫王國，通過一系列的戰爭和征服，成功把領土從波斯地區擴張到兩河流域、小亞細亞和埃及等地。

❸ 河中地區（Transoxiana），又稱為「河間地」，指中亞錫爾河流域和澤拉夫尚．阿姆河流域（前者為阿姆河支流），即今哈薩克斯坦西南部和烏茲別克斯坦全境。河中地區是古代歐亞大陸路的主商道。

❹ 十四世紀，突厥化的蒙古人帖木兒吞併東察合台汗國，並征服了河中地區、波斯地區、兩河流域和小亞細亞等地，是為帖木兒帝國。帖木兒帝國傳位六代，於一五〇七年，烏茲別克人攻入首都赫拉特，帝國宣告覆亡。帖木兒的後裔巴布爾轉戰印度次大陸，復又建立起蒙兀兒帝國。

次大陸和東亞大陸相互聯結的樞紐。從西向東、從西向南的輸出是不平衡的，基本上是核心向外圍的輸出。就南亞次大陸和東亞大陸的聯結關係，雖然是南亞向東亞輸出得更多一些，但是很明確的，彼此之間是交流的性質。

2、雅利安洪水後的世界

雅利安人的洪水結束了舊世界，西方多利安人——就是產生荷馬史詩的希臘多利安人——和進入巴勒斯坦和埃及的所謂「海上民族」都是這次雅利安洪水的西翼，產生佛陀和古典印度的那些民族則是這次洪水的東翼。洪水的核心地帶則產生了阿契美尼斯和他的子孫居魯士二世所建立的阿契美尼德帝國，也就是波斯，他們產生了波斯語。波斯語的分支很多，包括最古典的阿維斯陀語[5]，以及在東方更加偏遠地帶的于闐語[6]和龜茲語[7]。漢代史書中間記載的西域諸國基本上是伊朗系民族的最東側，伊朗系民族的最西側就是我們所知的占領了巴比倫、建立了波斯帝國的居魯士二世的藩國。

雅利安征服初期，產生阿維斯陀語的波斯人，跟古典印度人和古典希臘人其實非常相似，包括他們的神譜和許多重要的詞彙，特別是與牛有關的詞彙[8]，從這些詞彙我們可以推測出雅利安人大概是養牛的民族。伊朗是這次入侵的核心地帶，但是最後，在現代給人的印象卻反而不如西側和東側，其實這恰好是因為他入侵了最古老的第一代文明——肥沃新月地帶——並接受了一個現成文明的結

于闐國王肖像圖，敦煌莫高窟壁畫。作為歐亞大陸東段商路的富庶城邦，至滅亡前，于闐歷經了千年時光。

❺ 阿維斯陀語，波斯拜火教古經《阿維斯陀》成書時所使用的語言。按現代語言學分類，古波斯語屬於西伊朗語支（各語系下的分類），而阿維斯陀語則屬於東伊朗語支，兩個語支存在相當的差異。

❻ 于闐語，是曾在塔里木盆地于闐王國使用過的語言，屬於東伊朗語支，以婆羅米字母書寫，其文獻存於敦煌文書中。于闐王國位置在今天的新疆和田約特干遺址一帶，屬於唐代所設的安西四鎮之一，一〇〇六年滅亡。

❼ 龜茲（讀音「秋詞」）語，又稱為「西吐火羅語」、「乙種吐火羅語」，是曾在塔里木盆地龜茲王國使用過的語言。一九一三年，法國語言學家列維（Sylvain Lévi，一八六三年～一九三五年）發表《所謂「乙種吐火羅語」即龜茲語考》（Le Le« Tokharien B », langue de Koutcha），將龜茲語文獻作單獨的識別。

❽ 據研究，「于闐」（Gostana）的前綴「Go-」意思為「牛隻」，來自梵語。詳見《劍橋伊朗史》（The Cambridge History of Iran，二〇〇三年）第二六六頁。

果。

而入侵西側的希臘人和入侵東側的印度人地帶，它們原有的文明沈澱還比較薄弱，所以費拉化[9]的程度也比較少，是比較典型的封建時代。我們在《羅摩衍那》[10]或者是諸如此類的史詩中間，可以看出印度人產生了非常接近於後來中世紀日耳曼人的騎士精神，而早期的希臘人也有類似的騎士精神。其實，入侵巴比倫核心地帶的波斯人最初也是尚武的、講究騎士和封建制度的民族，但是他們接管的地帶則是腐朽文明已經發展得太長和太徹底，所以波斯是雅利安人當中被腐蝕得最厲害的一支。他們原本是最核心的一支，在最初的時候產生了最輝煌的文明，但是在最後卻變成了不如東側和西側、最沒有後勁的一支，這跟後來整個大伊朗地區對文明的創造有很大的關係。

3、三種組織形態：蠻族和文明的化合產物

大伊朗地區從波斯開始，到波斯波利斯、法爾斯，一直到木鹿、河間地（河

中地區），到龜茲，到八剌沙袞這條線上，給世界首先提供的是三種組織形態。這三種組織形態可以視為是雅利安蠻族入侵巴比倫文明核心地帶，兩者發生化合的產物。這個化合的形式，有點像是後來日耳曼人入侵高度腐化的羅馬帝國以後產生的作用。

第一種組織就是土豪的封建制度。

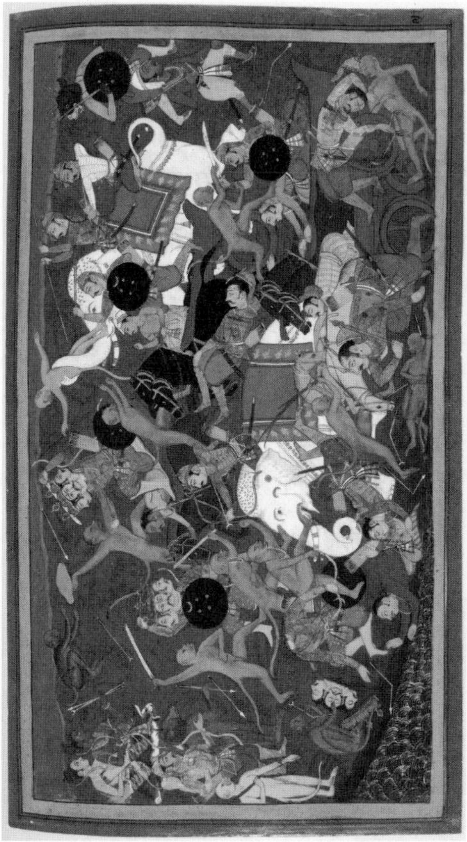

《羅摩衍那》插圖。羅摩為救回妻子悉多，徵召大軍攻打魔王羅波那，神猴們也趕來助戰。

❾ 費拉（Fellah），本書作者的常用分析術語之一。該詞源於阿拉伯語，是中東和北非地區對農民的稱呼。斯賓格勒（Oswald Spengler，一八八〇年五月二十九日～一九三六年五月八日，德國歷史哲學家、文化史學家）在《西方的沒落》一書中，將費拉描述為「文明崩潰以後的狀態」。

❿ 《羅摩衍那》與《摩訶婆羅多》合稱印度兩大史詩，羅摩衍那，意為「羅摩的歷險經歷」，講述英雄羅摩與妻子悉多的故事。

這種制度在兩河核心地帶不如河間邊緣地帶來得典型，特別是在東部跟現在阿富汗接壤的地帶，所謂的錫斯坦，和東北方向的河中地，就是現在烏茲別克斯坦和塔吉克斯坦邊界上撒馬爾罕和布哈拉所在的這些地區，土豪封建制發展得特別典型。土豪是當地灌溉地區的土地所有者，同時也是當地的民兵領袖。如果聯想一下曾國藩和湘軍的情況，以及華盛頓總統在北美的情況，就可以大體想像出他們在當地社會的地位。他們是統治階級的最低一層，同時也是平民階級的最上層。後來阿契美尼德王朝、安息王朝[11]和薩珊王朝[12]的基本兵源和財政基礎，都離不開他們的貢獻。

這幾個王朝，可以說封建性是漸次減弱的。最初的阿契美尼德王朝，他們訓練子弟的方式很像是滿洲人剛剛入關或者是日耳曼人剛剛到羅馬的情形：強調他們的子弟應該是勇武的人、是只講真話的人，要訓練他們騎馬作戰、像戰士一樣生活，不需要學習那些腐朽文明藉由學校教育而掌握的繁瑣技術。這是一個騎士的訓練。同時，阿契美尼德王朝最初的武力也是來自於傳統的雅利安戰士，被征服的巴比倫社會系統只是被當作財政上的來源。但是，到了安息王朝時就已經出現一些皇家城市。像內沙布爾[13]這樣的城市，跟兩河地區原有的自由城市是不一樣的，它是由君主本人藉由把被征服人口和俘虜集結起來、人為建立起來的新城。這樣的新城在薩珊一朝開始大規模地加以採用，跟其他的封建領地制度和自由城市摻雜在一起，使薩珊帝國呈現出一種鑲嵌畫或者百納被式的局面。土豪在河間地帶和伊朗東北部是最常見的，他們為阿契美尼德、安息和薩珊三個波斯人王朝提供了基幹民兵。這些民兵在歷代波斯王朝的軍隊中的地位就相當於麵包，

前六世紀的波斯騎士，繪於一八七二年。最初的阿契美尼德王朝崇尚武力，很像進入中國初期的滿洲人，堅持勇武和質樸的價值，強調說真話，反對虛偽的文明。

⓫ 前四世紀，馬其頓的亞歷山大大帝東征，攻滅阿契美尼德帝國。他死後，波斯被塞琉古（亞歷山大的部將）及其子孫控制，直到前二四五年左右，阿爾沙克一世重新占據波斯地區，是為安息（阿爾沙克）王朝的開端。

⓬ 二二四年，阿爾達希爾一世在安息首都泰西封加冕為波斯王中王，是為薩珊王朝取代安息王朝。薩珊王朝歷時四個世紀，至六五一年被阿拉伯人滅亡。

⓭ 位於伊朗東北部，是重要的貿易據點，其後又成為伊斯蘭教什葉派的教派中心。

是雖然最不起眼但卻最核心的基幹部隊。等到這些基幹部隊完全提供不出來的時候，帝國也就沒有辦法維持了。

第二種組織形態是部落。

波斯帝國內部的部落形態不完全是雅利安人帶來的原始部落，但是絕大部分都在語言上、行為模式上和文化上跟他們有密切的關係。所謂的部落，理論上講是一個血緣團體，但實際上是包含了大量義子和收養者以及各種虛擬的家庭構成的一個團體。部落人口最少的幾百人，最多的上萬人，甚至達到十萬人，但是一般來說不會超過這個上限，而且達到十萬人的大部落是極少數。部落長老的收入有可能來自於某些傳統牧場，或者是類似部落原本給他的利益，也可能是通過各種合縱連橫的手段，在部落和君主國之間、在他跟某些富裕的城市之間，或者是跟商業城邦之間達成的某些協議，而得到的額外收入。這裡面的重點就是，部落首領所在的階層擁有上述這些部落傳統習慣法之外的收入，而普通部落民則一般是沒有這種收入的，是完全依靠習慣法生存的。

習慣法的體系非常複雜，它可以說是比近代的市場經濟更接近於海耶克[14]所謂的「自發秩序」——透過行為選擇而不是有意設計而生的產物，是一種交錯縱橫的契約網的關係，不僅有空間性，而且有時間性。因為內亞一帶有很多夏季牧場、冬季牧場、遊牧道路、打獵地點這些東西，其使用權限都是有時間性的，例如冬季牧場在夏天和秋天可能就是完全沒有用的，所以它的使用權是交錯縱橫，很像是貓狗劃分勢力範圍的辦法。貓和狗會用尿液所標記的領地，具有空間性，這不必多提；而且還有時間性。早上，某隻狗在某個電線桿上撒了尿，那麼在幾

蒙古牧場分夏季牧場和冬季牧場，使用權限是有時間性的，很像是貓狗劃分勢力範圍一樣。這是古代習慣法體系使然。

⓮ 海耶克（Friedrich von Hayek，一八九九年五月八日～一九九二年三月二十三日），英國經濟學家和政治哲學家，出生於奧地利。海耶克以堅持自由市場、資本主義，反對社會主義、凱恩斯主義和集體主義而著稱。

個小時之內，尿液的氣味仍然很濃厚，一旦別的狗走過來，兩隻狗馬上會打起來；但尿的氣味消散以後，就可以有別的狗來撒尿，再重新標識牠的領地。這兩隻狗的領土就是相互重疊的，空間上完全一致，但是在時間上相互隔開。同時還可能有貓的因素，儘管早上撒尿的狗容不得別的狗在早上侵入，但是另一隻貓過來撒尿，那隻狗就會毫無反應。遊牧民族的習慣法規定的各種產權也是這樣錯綜複雜的。

後來羅馬人強調的絕對財產權[15]概念，在最初和最近的遊牧民族當中幾乎是不存在的。遊牧民族的產權都是有各種附加條件的，只有在許多種附加條件同時存在的時候，才能夠行使產權，而且從來不排斥其他團體或者是個人在其他條件下享受類似的產權。這些習慣法通常是不成文的，只有部落長老才能夠充分了解，但是它們的複雜程度比後來根據抽象原則而制定出來的成文法還要高，也神聖得多。部落之間、部落內部相互維持這些習慣法以分配收入的能力，及部落普通成員和部落首領之間就習慣法的階級關係而達成各種契約的能力，構成了後來雅利安宗教和法律的基礎。這是第二種組織。

第三種組織產生的影響最為深遠，就是教團組織。

剛才講到的部落組織，可以肯定是雅利安人從橫跨裏海到烏克蘭的大草原[16]帶來的，封建領主政治也多半是征服者帶來的，但是以神廟為核心的教團體制，到底是雅利安人帶來的體制，還是原先兩河地帶已經存在、只是經雅利安人改造過的體制，這就不好說。因為原來在把兩河流域的沼澤之地開墾成農田的過程中，神廟就起到很大作用，所以神廟體制更可能來自於被征服者，只是在被征服

羅馬帝政年代的一份老兵退役證書。羅馬人的法律（例如《十二銅表法》）也是刻在這樣的銅表上頒布。

⑮ 關於此點，作者本人還有另外一段評論：「……晚期羅馬法所謂絕對財產權是指財產的原子化：取消家長（集體）財產權，從而強化了皇帝的無限徵斂權。早期羅馬法沒有正規的物權，只有財產訴訟的習俗和慣例。這些習慣法成功地保衛了私有財產，而晚期絕對財產權及其原子化個人的成功與失敗就是歐洲奴役與自由的分界線。早期羅馬的財產權不是絕對的，甚至不是私有的。宗族、會社和城邦的財產比個人更重要，許多產業有多重財產權，個人使用權和所有權模糊不清。封建歐洲的財產權更不是絕對的，而是在多重權利的疊加，優先級要依靠正統和習慣的強弱權衡，因此一切都是司法問題。絕對財產權是社會原子化和文明奴化的標誌。」

⑯ 墳塚假說是目前關於印歐起源問題的最有力理論。根據該假說，原始印歐人（Proto-Indo-Europeans，即本書的「雅利安人」）是從最初的聚居地，烏克蘭東部的大草原往外擴張。在此一過程中，印歐諸民族逐漸形成。

者的民德衰退到無法維持體制的情況下，才由征服者加以改造重新應用的。但這些都屬於純粹猜測，是沒有實證的。我們只知道，至少在薩珊王朝初年，這種教團結構已經發展得相當完善。教團是經濟活動最主要的組織者，也是這種適用範圍最廣的組織模式的創造者。我們在薩珊王朝初年看到的這些教團模式，往往是在某些有天然氣蘊藏的地方，從地下冒出火苗之後，形成長明燈這樣的人工結構，然後再圍繞著長明燈建立起拜火教[17]的神廟。《阿維斯陀》是拜火教的主要經典，跟這一點大概有點關係。

圍繞著教團產生出兩種權力繼承機制，第一種是，雖然教團的主持者原則上講是神職人員，但是神職人員的神性是可以通過血緣傳遞的。也就是說，如果某人是神廟長老的話，他的兒子孫子一般也會是，長老這個職位像封建領主一樣世襲。沒有這種神聖血統的人是很難要求特定神廟的主持權力的。像後來《一千零一夜》提到的宰相張爾蕃[18]的家族最初就是神廟的主持人。他們主持的神廟最初很可能是信奉多神教，然後變成信奉拜火教、再變成佛教，最終變成伊斯蘭教——宗教雖然改過幾次，但是神廟的主導權一直由張爾蕃家族掌握。第二種是，信徒自己組成一個類似長老會或者共和政體的組織，評選出最品學兼優、信仰最虔誠、魅力最強的人，讓他來當下一任教主，這種形式的教團跟由血緣傳遞的教團相互交錯。兩種類型都有，但是更多的時候是兩者兼而有之。例如某一個家族經常被選為教主，就很難說這個教團到底是實行選舉制，還是家族世襲制。

這個家族的功能，當然不是現代人所想像的那種只是宗教上的，而是一種負責把周邊社會組織起來的組織功能。這個組織功能，跟開創古代巴比倫城邦的神

一座位於伊朗伊斯法罕的拜火教神廟遺址。曾經風行整個內亞的宗教，如今在其發源地卻只剩下斷壁殘垣。

⓱ 瑣羅亞斯德教，是波斯帝國的國教，也是伊斯蘭教誕生之前，在中東和西亞最有影響力的宗教。因該教信眾會在火前禱告，故又有拜火教的稱呼。

⓲ 即賈法爾（Ja'far ibn Yahya，七六七年～八〇三年），他的父親葉海亞以協助拉希德繼位的功勞，被封為維齊爾（Vizier，意為宰相），其後賈法爾承襲父職。賈法爾在《一千零一夜》多個故事中作為主角而出現。

廟有相似之處，最重要的工作是土地的測量和不動產的劃分，以及管理圍繞著不動產的稅收和各種資金的流向。等於說，從這個階級產生出了後來波斯人最自豪的治國之術和財政技術。

可以推想，雅利安人剛剛進入文明地帶的時候，是完全操縱不了定居地區的複雜財政體系的，在這些灌溉地帶的技術操作，可能就是由當地的神廟負責。而巴比倫的神廟祭司對本地迦勒底軍事統治者[19]的不合作，對巴比倫的淪陷和波斯人的征服又起了相當大的作用。這中間的歷史缺環相當大，因為薩珊人只有史詩遺存，而安息人連史詩遺存都沒有，至於阿契美尼德王朝的情況則多半是由希臘人和羅馬人記錄的，他們自己的紀錄非常少，所以這段歷史中間的空白點非常多。比較可靠的歷史，還要從薩珊王朝的後期說起。

4、薩珊王朝的王中王結構

在薩珊王朝後期，剛才講的這三種組織結構——部落、封建土豪和教團——

瓜分了伊朗地區和外伊朗地區。伊朗地區和外伊朗地區的差別不是很大，也就是以木鹿為邊界的阿姆河，把河中地、河外地跟伊朗本土劃分開來。伊朗本土經過了三輪帝國的輪替後，中央集權的成分已經大大加強了，以至於在後來已經東方化的羅馬人看來，它屬於東方專制主義的典範。但實際上，即使在伊朗的核心地區，也是個由郡縣制、神廟教團間接統治之地和各種封建領地相互嵌插的地區，

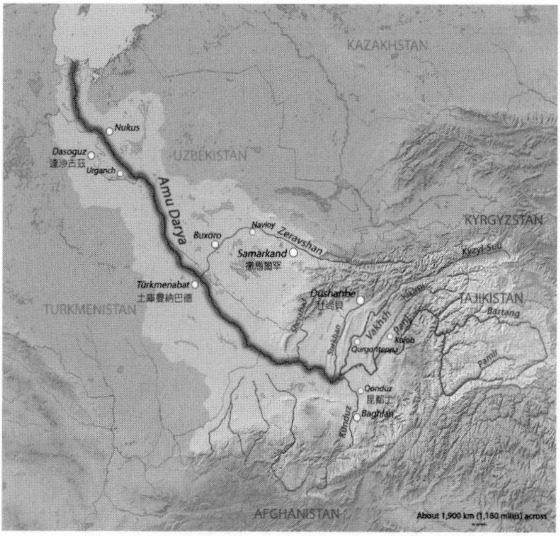

阿姆河，中亞最長的河流。阿姆河也是文化的分界，三世紀時是嚈噠與伊朗，後來是突厥與伊朗，涇渭分明。

⓳ 亞摩利人的古巴比倫王國在前十六世紀滅亡後，歷經加息特人、亞述人的統治，後於前七世紀，迦勒底人重建了巴比倫王國的統治，是為新巴比倫王國。

並不是像東亞的秦政那樣純粹郡縣制的國家。

薩珊君主的稱號是「萬王之王」，並不是國王或者皇帝。「萬王之王」就是說，除了他自己以外還有其他許多小王的存在。薩珊朝之所以推翻安息朝的統治，正因為他是安息朝統治下法爾斯地帶的一個小王，通過跟其他藩王的軍事聯盟，逐步擴大勢力，然後西進兩河流域，推翻了安息朝的「大王」，自己就成為新的「大王」或者「王中王」。顯然，他並沒有完全取消其他藩國和小國，頂多把自己王室的一些有功子弟安插到別的藩國去，構成一種各藩國輔弼中央「王中王」的結構。而這些藩國或藩王將俘虜——比如說羅馬人、亞美尼亞人或者安條克[20]市民——強制安置，以建立新城的方式構成一個可控的網絡，作為王中王最可靠甚至唯一可靠的軍事和財政支柱。而其他的軍事和財政來源都是有條件的、不完全可靠的。像各地土豪騎士所管轄的民兵，顯然在波斯軍隊中人數最多，但他們並不完全受「王中王」的直接領導。只有在「王中王」的威望足夠大、能夠給他們帶來足夠的戰利品、使他們覺得參加戰爭有利可圖的時候，才能夠保證土豪騎士們的效忠；這些保證不了的話，「王中王」本人也可能會被推翻。被推翻以後，經常出現的做法是，由某個屬於王室支脈的人取代原有的「大王」或者

「王中王」，建立新的朝代。

王室也無法輕易染指教團。教團統治的地方最特殊的是：他們是整個波斯帝國當中經濟生活最發達、財政組織最完善的，而擁有這些土地的教團本身極其富裕。但是他們的財富並不容易被王室所染指或占有，因為由他們產生出來的穆貝德[21]，這些人是一個享有特權的階級，他們跟土豪騎士和王室直轄領地之間是一

薩珊王檢閱麾下騎兵，石刻，六世紀左右。騎士既是薩珊軍的重要武力，也是薩珊王朝的政治基礎。

⑳ 安條克，即今土耳其安塔基亞，於前四世紀末由塞琉古一世所建立，是地中海東岸的軍事和貿易重鎮之一。

㉑ 穆貝德（Moubed），意為祭司、神學家，是拜火教的中階教職，負責地方教區事務。穆貝德出自「聖職家族」，由父子代代相傳，任職前要接受專門教育，熟習宗教經典和祭祀儀軌（該詞源於佛教，指禮法規矩）。

個三角凳式的平衡關係，在廢立君主的時候往往也起到舉足輕重的作用。至少，如果他們強烈反對的話，新的君主候選人是很難登基的。而要推翻前朝君主，至少也要得到這些人象徵式的同意。有時候他們甚至還會深度干預廢立。

5、教團的治國術和儒生的治國術

同時，教團階層也是波斯帝國的官僚體系或者說治國專家的主要生產者，他們提供的治國技術，比東亞儒生講究的安民之術要複雜得多。

東亞的郡縣制國家可以說非常簡陋，只有兩個系統：第一個是圍繞皇帝的天官系統，包括皇帝的顧問、皇帝的娛樂者、皇帝的巫師之類角色；第二個是地官系統，就是郡縣一級的官僚，他們的工作就是搞編戶齊民，編制戶籍，然後根據戶籍收取地方的賦稅，替地方處理一些簡單的司法事務。戶籍制度從秦代到明代，基本上都是一個平行的制度，甲戶和乙戶看上去就是馬克思所謂的「一袋馬鈴薯」[22]，這戶跟那戶原則上都是可以相互替代的。

而波斯治國專家處理的問題就要複雜得多。他們負責徵稅的各種土地的性質差異非常大。一般來說，可以分為直接徵稅的部分和無法直接徵稅的部分。就直接徵稅的部分來說，課稅主體或者主體的祖先最初是王室的俘虜，只有對這些人才可以隨意徵稅。但是這樣的地區並不是太多，大多數地方都需要根據各種特殊條件協調而收取不同程度的費用。特殊條件的源頭很難三言兩語就講清楚，有些

拜火教祭司的祈禱，石刻。這裡是某位當地顯要的陵墓，但裡頭早已被洗劫一空。

㉒ 馬克思在《路易·波拿巴的霧月十八日》的總結部分寫道：「……法國國民的廣大群眾，便是由一些同名數相加形成的，好像一袋馬鈴薯是由袋中的一個個馬鈴薯所集成的那樣。」

要延伸到前朝，而且也會隨著軍事、政治形勢的改變而重新修訂。在另外一些地區，與其說是收稅協定，不如說是貿易協定和外交協定，這經常發生在牧地、定居地帶和教團之間犬齒交錯的插花地。這些地方的收入對王室而言是特別寶貴的，因為不僅是收入，而且還有某些非常重要的物資，例如奢侈品或依賴進口的軍備物資之類，而王室所需要的情報資訊也是從這裡來的。因此，治國專家們不僅要掌握複雜的土地測量技術、處理商業和土地糾紛的司法技術，而且要具有外交家和習慣法專家的水準。

至少在奧古斯都[23]之前，波斯治國專家處理複雜結構的能力應該說是整個文明世界裡面最強的。東亞和南亞的類似人物跟他們比起來就是小巫見大巫。後來征服波斯的阿拉伯人說：各個族群都有自己的長處和短處，而波斯人的長處就是產生治國專家。後來波斯人在亡國以後，能夠對征服者實施部分的反征服，主要也是依靠以上技術，但這種技術也是波斯人衰落的根源。

有了這種技術，波斯人原先賴以取代舊世界的騎士精神就漸漸衰退了，以至於到薩珊王朝後期，在阿契美尼德王朝初期仍然很明顯的尚武精神，基本上已經完全消失了。晚期波斯人很像是他們祖先征服過的巴比倫人，而不大像他們的征服者祖先。他們越來越依靠出身神職階層的文官，越來越少地依靠土豪或者自治城邦。土豪在薩珊王朝的政治中所占比例的下降，跟薩珊王朝軍事實力的下降基本上是成正比的。隨著河間地區的土豪漸漸退出帝國的廢立及文官逐漸主導了帝國，新的遊牧民族就對波斯帝國越來越占軍事上的優勢了。

波斯人的祖先原先也是從裏海北岸大草原來的，但在這時候，新的遊牧民

大月氏王和侍從，石板，一世紀。月氏西遷後，漢武帝劉徹為夾擊匈奴，曾派遣張騫與大月氏結盟，但被拒絕。

㉓ 奧古斯都，本名蓋烏斯．屋大維．圖里努斯（Gaius Octavius Thurinus），羅馬帝國的首位元首（Imperator，中文較常譯為「皇帝」）。屋大維是凱撒的甥孫和養子，凱撒死後，他先與馬克．安東尼、雷必達結成後三頭同盟，復又擊敗安東尼，前二十九年獲羅馬元老院授予元首稱號，是為羅馬帝政期的開端。

㉔ 塞迦人，領土約在今天的哈薩克斯坦一帶，是起源於伊朗的斯基泰人部落，也是著名的遊牧戰士。

㉕ 月氏，始見於先秦史籍，前七世紀至一世紀居住在今天的新疆東部和甘肅省西部一帶，早期以遊牧為生，從事玉器貿易。月氏與匈奴經常發生衝突，後被匈奴攻破，一分為二，西遷至伊犁河流域的一支，被稱為大月氏。大月氏人其後又遷居到阿富汗，建立貴霜帝國，並擊敗安息王朝。

族，尤其是在塞迦人[24]和大月氏人[25]之後，來自阿爾泰山地區的突厥人的出現，是內亞黃金時代結束和伊朗系民族走向衰敗的先聲，儘管替代的時間長達幾百年。

6、粟特・突厥共生系統的出現

在薩珊王朝末期，王室越來越依靠由降虜組成的缺乏戰鬥力的集團，他們一方面疏遠了教士集團，一方面疏遠了土豪集團。中亞土豪越來越不願意向波斯帝國輸送武力，而是願意跟遊牧者和商團開展出新的合作關係，而這種合作關係對東亞大陸的歷史（所謂的「中國史」）產生了特殊影響。它在東亞歷史中留下痕跡，最早是在東漢末年，以魏晉時期為多，就是粟特[26]商團和突厥戰士之間的合作。

粟特商團所連接的一端就是剛才講的中亞土豪封建領主，這些領主要把河間地區的農產品、醫藥和其他工藝品向世界各地輸出，因此需要商團。但是商團成員不一定全是河間地區的人，也包含了很多其他部族。例如某些部族擁有某些土特產的所有權，比如像佛教朝聖者講的「五鹽」，即法顯[27]在旅途中所看到的出產紅鹽的山，它是某些工藝品（例如玻璃製品之類）必不可少的材料。這些部族憑藉他們對該產品的所有權或者開發權也加入了粟特商團。關於所有權，我剛才講過，它是間斷性的和軟性的，而不是徹底的和剛性的。例如某個部族，他們對某個產紅鹽或者黃鹽的山，在某個季節裡享有開發權，但是其他部族則可能在洪

粟特商人，唐三彩，現藏上海博物館。這位商人並未攜帶行李，大概是在採購的路上，或者他已經把貨物全數售出。

[26] 粟特人是生活在河中地區的伊朗系民族，由領土大小不一的各個綠洲城邦組成，擅長商業，一度控制絲綢之路（中段至東段）的貿易。

[27] 法顯（三三七年～四二二年），東晉・劉宋時期的佛教高僧、旅行家和翻譯家。三九九年，法顯與四名同學作伴西遊，經敦煌、蔥嶺到達天竺（印度的古稱），回國時帶回多部梵文典籍並進行翻譯。法顯另著有一本遊記《法顯傳》，是佛教史和東西交通史的重要文獻。

水季節對這座山或者沿途的交通要道享有權利，這些權利是相互交錯的。粟特商團連接的另一部分人則是突厥人，因為長途貿易跋涉必須要警衛和武裝人員。因此，突厥人開始跟粟特人合作，最初就是作為他們的護衛戰士。

粟特和突厥這兩種人最初同時出現在東亞的時候，東亞的文官沒有把他們區分開來，以為他們是同一種人。直到唐代的紀錄，還經常搞不清楚昭武九姓[28]跟回鶻人[29]及突厥人的差異。但是從西方的紀錄看來，他們的區別是相當明顯的。最初突厥人是作為商團的保鏢出現在歷史中。

7、鐵礦的經營者和推銷者

他們之所以可以成為保鏢，很可能跟冶鐵工業有密切的關係。冶鐵工業源於歐亞大草原地帶：在西部是安納托利亞高原，西臺人[30]運用他們的鐵器屢次挫敗埃及軍隊；在東方，按照佛教徒路過時的紀錄，龜茲[31]北部的鐵山產出大量鐵器，既供應整個西域三十六國，同時也出口到東亞大陸。大概在四世紀和五世紀之間，經營鐵礦的部族集團開始發生變化，阿爾泰山腳下形成出了一個新的鐵礦經營者集團，就是後來的突厥人。突厥人和鐵勒・高車人[32]之間似乎有非常密切的親緣關係，甚至有可能是同一個集團跟不同人接觸以後產生的不同譯名。無論如何，狹義的突厥部族是從阿爾泰山腳下的鐵礦開採者中間來的。當漢文紀錄開始提到他們的時候，突厥人的鐵礦冶煉技術已經非常發達，而且在東西方國際貿易

回鶻商業文書《定慧大師賣奴契》，十三世紀左右。定慧大師是這宗奴隸交易的中介人。

㉘ 昭武九姓，也稱九姓胡，是東晉南北朝時期到隋、唐時期之間的東亞大陸人，對河中地區、西域的國家、民族及其來華定居之後裔的統稱。

㉙ 回鶻，原譯回紇，是裕固族、維吾爾族以及回族等族的宗源之一，他們在七八八（唐德宗貞元四）年，要求唐人將其漢譯名改為「回鶻」，以示其族人有鶻隼般的勇猛。回鶻原本是鐵勒的其中一個部族，後來回鶻強大，遂把同樣源自鐵勒的僕骨、同羅、拔野古等部族都統稱為外回鶻。回鶻汗國最強盛時，領土東接大興安嶺，西起阿爾泰山，南至蒙古高原，北達葉尼塞河。

㉚ 西臺（Hittite）是一個位於安納托利亞高原的古國，於前十七、十六世紀崛起，至前八世紀被亞述帝國攻滅。根據目前研究，西臺人是世界上最早發明冶鐵技術和使用鐵器的民族，使用短斧、利劍和弓箭等等在當時相當先進的武器，軍隊多達三十幾萬人。

㉛ 龜茲（讀音「秋詞」），是漢文史籍記載的「西域三十六國」之一，也是唐代設置的「安西四鎮」之一，首都在今天的新疆庫車縣。除了發達的冶鐵業之外，龜茲的宗教、文學和音樂等等也相當興盛。

㉜ 鐵勒，又稱敕勒、高車等等，是六世紀到七世紀之間的東亞大陸人，對突厥本族以外的突厥語諸族的總稱。

當中扮演了重要的輸出者角色。

根據漢文史籍的紀錄，突厥人並非消極等待河間地區的商團前來販運自己的鐵礦產品，而是主動向四面八方派出自己的推銷員。他們的使團把鐵器運到長安，跟北周取得聯繫並且得到訂單以後，部落內部一片歡騰，說我們快要發財了，總之以後國運昌隆。同時，東羅馬帝國的使臣也拜訪過突厥，他們的目標是跟突厥人結成共同對付波斯人的聯盟[33]。一路上經過內亞各城邦的使者發現，幾乎所有城邦都有突厥商人在推銷著他們的鐵器，當羅馬帝國的使臣到達突厥本土或者核心地帶時，他們已經很確定，突厥人是整個內亞地區最主要的鐵器提供者。

鑑於三世紀的時候還有其他的鐵器提供者，所以我們可以想像，要麼是突厥人發現了品類更好的鐵礦，要麼就是在鐵礦冶煉技術上勝過了前人，以至於他們的鐵器推銷得很順利。鐵器跟武器是有聯繫的，能夠推銷鐵器的人通常也是善於使用鐵器的人，所以他們變成河間人或者粟特人的武裝護衛團體、跟這些商團結成長期的夥伴關係，也就在意料之中了。

8、突厥人入侵波斯的真相

這時候，也就是東亞史籍中的南北朝後期，伊朗和外伊朗地區的政治形勢發生了很大變化。首先是突厥人跟波斯人結盟，打敗了騷擾波斯帝國的嚈噠人㉞，並各自瓜分了嚈噠人的領土。但是這個瓜分只是很短暫的。照波斯人的記載，突

羅馬元首俯首稱臣，石刻，公元三世紀。當時羅馬帝國已是風雨飄搖，元首瓦勒良也在對薩珊作戰時被俘，唯有「俛首係頸，委命下吏」。（©Diego Delso，delso.photo，License CC-BY-SA）

㉝ 東羅馬帝國與薩珊王朝領土接壤（二二四年至三七八年期間為羅馬帝國，三七八年後則為東羅馬），雙方和和戰戰、各有勝負，此一局面維持近三個世紀，直到阿拉伯人攻滅薩珊王朝為止。五六七年，其時在位的突厥可汗室點密，向波斯和東羅馬帝國派遣使臣，要求取得絲綢貿易的控制權；波斯國王庫斯老一世立即拒絕，而查士丁尼一世回答說東羅馬帝國並不需要絲綢，但願意和突厥結盟共同對抗波斯。雙方的同盟關係，持續到五七六年，室點密死去一年後才破裂。

㉞ 嚈噠（讀音「夜達」）是大月氏人的後裔，被東羅馬帝國史學家稱為「白匈人」（White Huns），亦曾自稱匈奴。公元四世紀，嚈噠人從阿爾泰山西遷到河中地區，最強盛時領土西至裏海，東達蔥嶺。除與薩珊王朝交戰外，嚈噠人也曾與貴霜、鐵勒、柔然、北魏等勢力就內亞霸權展開各種激烈爭奪。

厥戰士很快就越過了阿姆河和錫爾河，一直推進到波斯帝國內部，也就是說，波斯帝國所瓜分到的白匈奴土地很快就完全喪失了。這個故事的下一步是，突厥人很快又跟拜占庭人結盟，夾攻波斯，一直打到他們家門口來了。薩珊波斯帝國的滅亡，跟突厥人和拜占庭人的聯合夾攻很有關係。但從中亞河間地帶的波斯人同族的記載看，情況完全不一樣。從粟特人（昭武九姓）的記載來看，他們好像根本沒有被突厥人征服過，突厥人反而是作為他的同盟或者夥伴，以穿插交錯的方式進入河間地，並進一步渡過阿姆河和錫爾河，進入以南的木鹿和內沙布爾。

考慮到波斯晚期的記載像漢文史書一樣，也充滿了恭維王室和諱敗為勝的浮誇，把王室描寫成天朝上國，蠻夷畏服，產生出很多像科幻小說而非真實歷史的勝利紀錄，所以很可能是，波斯人為了掩飾自己軍事上和政治上的失敗，把他們喪失外伊朗地區的整個過程描寫為單純的蠻族入侵。但實際情況是，河間地區的各個城邦和貿易商團覺得波斯官僚制度的剝削性和壓迫性太強，認為突厥人反而是更好的合作對象，因此他們跟突厥人達成協議，讓突厥人來做他們的護衛者。這個過程基本上是無血進行的。而波斯人因為太腐敗，已經不可能維持脆弱的帝國統治，然後就把他們喪失統治、被粟特人趕出去的過程描寫成純粹是被只有武力沒有文化的突厥蠻族趕出去的過程。而從拜占庭使節、中原（從北魏到唐朝）使臣的描繪中，我們看到的當時的中亞地帶，仍然是一連串各種城邦和部落交錯的地帶，並沒有波斯人描繪的那種成吉思汗式的野蠻入侵跡象。

粟特使團，壁畫。曾幾何時，這些使者們奉命在歐亞大陸各地之間來回跋涉，只為了替本城邦謀求豐厚利益。

9、一個中亞玻璃碗吃掉梁武帝國家財政

河中地區的部族和城邦很可能擁有當時世界上最多的金銀幣和金銀器皿，這在東亞史籍中留下了非常清楚的痕跡。從南北朝一直到唐代初期，最主要的能工巧匠好像都叫波斯名字，給人的印象是，這些人要麼本身是波斯來的移民，要麼是波斯移民的學徒或者波斯人跟當地人通婚的後代。同時現有的考古學證據顯示，南北朝時期，普通百姓基本是用布匹交易甚至以物易物，連秦漢時期使用的銅幣都基本消失了，但是上層人物的墓葬裡面，還留有金銀或者玻璃製作的器皿。

當時的玻璃器皿儘管在埃及和敘利亞地區並不值錢，但是在東亞大陸則是非常昂貴的、比黃金還難得的奢侈品，而它基本上沒有人會做[35]。現在考古挖掘出來的南北朝到唐代的玻璃器皿，或者是薩珊系的、或者是羅馬系[36]的——所謂羅馬系，多半是指敘利亞產品；而薩珊系也不一定是說伊朗地區的產品，也可能是河中（外伊朗）地區的產品，但總之都是外來貨，要麼從海外進口，要麼是由僑居的商人和工匠在本地鑄造。

梁武帝是南朝最富裕的皇帝，但在大同年間（五三五年至五四六年四月），有個胡商給他帶來了一個大玻璃碗，據記載是晶瑩透剔、比珍珠更美麗，武帝和大臣們都很想買下，但是算了一下價格發現，武帝在位這麼多年積攢下的整個國庫都比不上這個碗，買了碗就沒有錢可供政府開支，最後只好無可奈何地把胡商打發走[37]。

35 據《晉書》，晉武帝司馬炎年間，權貴鬥富成風；某次司馬炎到女婿王濟家吃飯，王濟以玻璃器皿作為招待的餐具，氣得司馬炎半途離去。「王渾，字玄沖，太原晉陽人也……元康七年薨，時年七十五，謚曰元。長子尚早亡，次子濟嗣。濟字武子。少有逸才，風姿英爽，氣蓋一時……尚常山公主（註：司馬炎長女）。性豪侈，麗服玉食……帝嘗幸其宅，供饌甚豐，悉貯琉璃器中。蒸肫甚美，帝問其故，答曰：『以人乳蒸之。』帝色甚不平，食未畢而去。」（〈列傳第十二〉）相比之下，〈四夷傳〉對「大秦國」（羅馬帝國）卻有如此描述：「大秦國一名犁鞬，在西海之西，其地東西南北各數千里。有城邑，其城周回百餘里。屋宇皆以珊瑚為梲栭（屋梁），琉璃為牆壁，水精（編者註：水晶）為柱礎。」

36 《太平御覽．珍寶部七》：「《魏略》曰：大秦國出赤、白、黑、黃、青、綠、紺、縹、紅、紫十種琉璃。」「《玄中記》曰：大秦國有五色頗黎（編者註：玻璃），紅色最貴。」

37 作者此部分與《太平廣記》的記載稍有出入。大同年間，一艘安南（今越南）商船從西天竺國駛至建康（今南京市），「賣碧玻黎（編者註：青綠色的玻璃）鏡，面廣一尺五寸，重四十斤，內外皎潔，置五色物於其上，向明視之，不見其質。問其價，約錢百萬貫文，帝令有司算之，傾府庫償之不足。」其後西天竺國的使臣追到建康，原來玻璃鏡是其國王的被竊寶物。原文甚長，詳見〈異人一．梁四公〉。

38 五七五年，室點密可汗死去，突厥汗國分為東、西兩部。西突厥汗國最強盛時，控制了從裏海到阿爾泰山之間的廣大領土。六五七年被唐朝軍隊攻滅。

這是玻璃碗在東亞的價值，但在西亞，它並不是什麼很稀奇的東西，埃及人很早就能夠製造玻璃了，敘利亞玻璃製品更是常見。至於內亞，在河間地帶的封建主甚至是在突厥人當中，一般遠遠達不到可汗這一級的小土豪，也都會擁有玻璃器皿，同時也擁有黃金器皿。

從北魏到唐代，東亞社會上層人物所使用的黃金器皿都有明顯的薩珊式或者波斯式風格，這就是同時期外伊朗地區向東輸出文明成果的側面證據。

而從這段時間經由內亞旋轉門前往印度的佛教徒記載中，可以清楚看出，波斯人對於外伊朗地區的描繪是不實的。佛教朝聖者們的記載雖然有各種差別，但有一點是相同的，就是他們途經的這些地方都沒有統一的威權。即使是後來西突厥汗國[38]最強大的時候，它對這些小邦也頂多是保護人關係，談不上直接統治。基本上所有旅行者都會記載說，他們走不了多遠的路，或者進入下一個綠洲的時候，就會碰上新的統治者。統治者們的宗教信仰也是各式各樣的，有新興的佛教，也有比較早的拜火教和其他多神教。後來到唐朝初年，在突厥和回鶻人當中傳播最廣的宗教，仍然是拜火教而非佛教，這就很能說明問題了，可見直到唐朝初年，在整個內亞地區，波斯人的文化輸出仍然占有絕對優勢。突厥人在這個體系當中，雖然在語言文化上講最初沒有什麼明顯優勢，但他們的軍事團體和冶鐵技術已經為自己爭得了一席之地。

今後這個一席之地還會不斷擴大，但要擴大到能對波斯語各民族全面取得優勢，還有待於阿拉伯人的作用。

薩珊時期的玻璃器皿，於六世紀製造。現藏大英博物館。

羅馬帝政期的玻璃壺，於二世紀左右製造。現藏西班牙考古博物館。

薩珊鍍金的銀酒皿，於四世紀製造。薩珊工匠的巧妙構思與手藝，通過它得以展現。

10、阿拉伯人征服波斯

阿拉伯人消滅薩珊帝國，向河間地帶發展，起的主要作用就是摧毀了波斯人在軍事方面的信心。阿拉伯人征服後的波斯人給阿拉伯人留下的印象就是，不再以產生土豪騎士著稱，而是專門生產財政專家和律法學家，總之全都變成了文人。這個演變過程本身也很複雜，但最關鍵的節點並不是阿拉伯人對波斯的征服本身，而是阿巴斯王朝[39]對伍麥亞王朝[40]的顛覆。阿拉伯人征服波斯以後，把阿拉伯的部落軍事團體安插到例如木鹿[41]和內沙布爾這樣的重要城市。原先的土豪除了在外伊朗的河中地區還有些殘餘以外，在伊朗本地基本沒有用處，他們此後就在歷史上消失了。但是教團和文官集團並沒有消失。有很多證據顯示，阿拉伯人對當地的宗教團體並沒有進行過多干涉。原先那些由家族掌握的宗教團體，經過了幾代人以後仍繼續發揮作用；而另一種非家族世襲、而是由選拔產生的兄弟會式的宗教團體，則在阿拉伯人入侵以後有極大的發展。

我剛才講到宗教團體的時候，提到有兩種：第一種是，神聖魅力由家族傳遞；另一種是，神聖魅力由品學兼優的門徒傳遞，他們由一種共和主義的教團組織產生。伊斯蘭征服者對波斯本土地區教團的衝擊，主要還是打擊了世襲教團，使兄弟會性質的教團得到了極大發展。時間越靠後，兄弟會性質的教團、具有平等主義和共和主義性質的教團所占的優勢就越大。像張爾蕃[42]家族這種世襲教團，在初期似乎更顯眼一些，在後期就日漸減少了。

這些教團在阿巴斯家族推翻伍麥亞家族的革命當中發揮了很大作用。剛才講

39 阿巴斯王朝（七五〇年～一二五八年），《舊唐書》和《新唐書》稱其為黑衣大食，是繼伍麥亞王朝之後，統治伊斯蘭世界的第二個帝國政權。定都巴格達，直至一二五八年被旭烈兀西征所滅。阿拔斯王室是伊斯蘭教先知穆罕默德的叔父阿巴斯．伊本．阿卜杜勒．穆塔里卜的後裔。
在該王朝統治時期，中世紀的伊斯蘭教世界達到了極盛，在哈倫．拉希德和馬蒙統治時期更達到了頂峰。在伊斯蘭征服波斯後，巴格達成為學術研究中心，波斯數學家、代數之父花剌子密來到巴格達，在哈里發馬蒙創立的智慧之家擔任學者，鑽研科學及數學，還翻譯了一些以希臘語及梵語寫成的手稿。而九世紀至十三世紀，許多博學的穆斯林學者都在智慧之家。

40 穆罕默德及他的三位後繼者（以上合稱四大哈里發）相繼死去後，因為哈里發人選難以確定，伊斯蘭世界爆發內亂，最後由曾與穆罕默德對抗的伍麥亞家族，於六六一年建立世襲統治，定都大馬士革。伍麥葉王朝時代，阿拉伯帝國的對外征服達到了另一個高峰。他們的疆域最廣闊之時，東至中亞和印度、西至伊比利亞半島，領有整個南地中海沿岸。在蒙古帝國興起前，沒有一個帝國的疆域比伍麥葉王朝廣闊。

41 木鹿，今稱梅爾夫（Merv），是位於土庫曼斯坦馬雷州的一個古代綠洲城市。梅爾夫古城在撒馬兒罕和巴格達之間（今土庫曼斯坦馬雷市附近），是古代絲綢之路上的交通要道。中國史書記載，漢和帝永元九年，班超平定西域後，遠國蒙奇、兜勒皆來歸附。蒙奇國都木鹿，即馬雷，有小安息之稱。

42 張爾蕃（七六七～八〇三），阿拔斯王朝時期的首輔或宰相，在《一千零一夜》裡頻頻亮相，陪伴哈里發四處遊玩，以一個風雅有趣、又忠君愛民的形象出現。因其家族的影響力而被哈里發殺害。

過，薩珊王朝儘管在羅馬人看來是高度東方專制的，但是它專制的程度其實很不徹底，保留了很多封建主義的成分，因此它是支離破碎的，平等主義的性質很差；而伊斯蘭入侵對波斯地區的影響，主要就是給他們提供了一個以平等主義重新組織教團的依據。

儘管兄弟會性質的教團起源甚早，可以肯定，早在穆罕默德的勢力進入波斯以前，波斯地區就已經有很多這樣的教團了，它們甚至影響了早期北印度的佛教教團，然後東亞大陸的教團又間接受到北印度和外伊朗地區的佛教教團的影響，所以呈現出相當重的這種兄弟會性質的教團痕跡。道教和佛教都有很多教團，他們的組織形式就是從這兒借來的，起源肯定早於伊斯蘭教；但是伊斯蘭的烏瑪[43]理念無疑給這種平等主義提供了很大的戰鬥性。這個差別就在於：早先，伊朗語地區和北印度地區，無論是佛教還是拜火教的教團，儘管有很多是兄弟會性質的，但是他們的擴張性或者武力傳教本能並不是很強大，而似乎更多地滿足於建立教團，然後以插花的方式向外傳播，缺乏把整個地方完全洗平的欲望。而這種欲望明顯是在伊斯蘭教進入伊朗語地區以後才產生的。

所以，和很多人的設想相反，伊斯蘭教並不是征服者的宗教，信奉伊斯蘭教的阿拉伯人沒有把信仰強加給被征服民族，事實恰好相反，是被征服的各個族群在伊斯蘭教當中發現了烏瑪理念這種東西，然後用它來改造自己原有的非伊斯蘭、非阿拉伯的社團，再反過來利用這種強有力的武器打擊阿拉伯征服者，最後把阿拉伯征服者完全打垮。當然這是後話。

伊斯法罕聚禮清真寺，伊朗境內最古老的清真寺。據說此寺原係由一座拜火教神廟改建而成。（©Diego Delso，delso.photo，License CC-BY-SA）

㊸ 烏瑪（Ummah），本意為「民族」，引申為「社群」，指由全體穆斯林所構成的，超越地理、文化、政治邊界的宗教共同體。

11、伍麥亞王朝很像早期滿洲人

伍麥亞王朝和阿巴斯王朝的階級性質有很大的不同。伍麥亞王朝很像是初期的滿洲人，他們想把伊斯蘭作為一種特權保留在阿拉伯征服者內部，不想讓被征服者接受伊斯蘭教。這裡面有一個很現實的財政考慮：如果被征服者也信奉伊斯蘭教，那麼他們就沒有繼續交納土地稅的理由了。穆斯林內部確實是要交納稅收[44]，但是它相當於慈善捐款，稅收的主要目的是為了救濟同樣信仰伊斯蘭教的孤兒寡婦、戰士遺孤，或者做各種善事。從這些慈善用途的基金當中，統治者本人能夠撈到的東西是不多的。但是統治者可以從對異教徒的徵稅、或者徵取戰利品中得到更多的錢。伍麥亞王朝主要是依靠異教徒——非穆斯林——的供養和藉由軍隊打勝仗而獲得的戰利品供養，對他們來說，穆斯林越多，日子反倒是越不好過。最好穆斯林就是純粹的阿拉伯人，加上戰士身亡以後留下來的那些孤兒寡婦，人數不要太擴張，擴張對他們的財政是不利的。降虜土地稅的收入比起慈善性捐款顯然是要多得多，尤其伊朗語地區是古代世界灌溉農業最發達的地區，這些地區提供了非常多的土地稅收入。

當然，最初的阿拉伯征服者同樣沒有能力經營複雜的土地財政，因此他們比起原先的波斯王朝更加依賴擁有「治國之術」的波斯專家。這些專家有很多都是從神廟組織中間產生的，他們擅長計量土地，算賬，繼承了很可能早在古巴比倫時代就已經產生的各種商業法則，懂得怎樣搞到錢，懂得怎樣處理各種經濟關係及現在被寫進民法典的各種民事關係。而伊斯蘭教，在四大法學派，哈納菲、瑪

乾隆像。乾隆是維持早期滿洲人固有的傳統，防止漢化，並推行國語騎射力度最大的滿洲皇帝。

44 根據伊斯蘭教法的規定，當穆斯林的個人資產超過一定數量時，就應按相應比率繳納用於施捨貧困者的稅項（Zakat），唯其如此，他的資產才算是合法純潔的。

利基、莎菲懿、漢巴利[45]形成以前，他們在經濟方面的法規是相當簡陋的。

12、伊斯蘭國際主義 vs. 阿拉伯部族主義

在阿拉伯人的最初幾個總督，比如像納斯爾[46]這些人看來，沒有必要改變狀況。但是被征服者，尤其是神廟集團產生出來的文官，反倒是比較積極地要改變這種狀態。以波斯人在財政方面的天分，他們不可能看不出，如果他們由佛教徒或者拜火教徒皈依成穆斯林，他們所在團體的財政負擔就會急劇降低。而同時，因為他們是優秀的知識分子，他們要掌握伊斯蘭教的教義和教法，技術上並沒有很大的困難。你只要想一下，江南蘇州的士大夫在滿洲人征服以後，覺得自己在科舉競爭中間很容易打敗滿洲人和蒙古人、要在滿洲朝廷上做官是多麼容易的情況，就可以理解這些波斯治國專家的想法了。

他們的主要障礙就是伍麥亞王朝長期堅持的阿拉伯部族主義。伍麥亞王朝裡並不是沒有虔誠的哈里發，但是為數不占優勢，因此阿巴斯王朝以及什葉派煽動

反對伍麥亞王朝，在阿拉伯人看來是出於宗派主義和部族主義之爭，但在伊朗系民族眼中卻是獲得解放的極好機會。正是在這個過程當中，原先信仰拜火教或者佛教的社團大規模地改信了伊斯蘭教。

他們改信伊斯蘭教後的第一個行動，就是發起反伍麥亞家族的起義，而艾布・穆斯林[47]在這方面起了巨大的作用。曼蘇爾[48]在庫法和巴格達站穩腳跟以後，

㊺ 作者此處所提到的四個教派，均屬遜尼派。這其中，哈納菲（Hanafi）和瑪利基（Maliki）最早創立，哈納菲學派的開創者是波斯人、瑪利基的開創者生活在阿巴斯王朝取代伍麥亞王朝之際；而莎菲懿（Shafi'i）和漢巴利（Hanbali），則是在阿巴斯王朝當政半個世紀後創立。

㊻ 納斯爾（Nasr ibn Sayyar，六六三年～七四八年），伍麥亞王朝末任呼羅珊總督。呼羅珊，阿拉伯人對底格里斯河以外的廣大領土，包括今天的伊朗、中亞五國全境，以及巴基斯坦的大部分地區的稱呼。

㊼ 艾布・穆斯林（Abu Muslim，七一一年～七五五年），阿巴斯王朝的開國功臣，其母有波斯血統，《新唐書》稱其為並波悉林。

㊽ 曼蘇爾一世（Al-Mansur，七一四年～七七五年），是阿巴斯王朝開創者艾布・阿巴斯（Abu al-‘Abb s，七二一年～七五四年）的胞兄，在阿巴斯死後，繼任為王朝的第二任哈里發。曼蘇爾在位近二十年，除建造了新都巴格達外，他大力整頓宮廷，奠定了阿巴斯王朝的制度，同時也確立起哈里發的絕對權威。

艾布麾下的軍隊仍然是眾所周知的拜火教徒，似乎直到艾布・穆斯林逝世，他們才改信伊斯蘭教。

在東方，發動叛亂的呼羅珊居民，在叛亂前大多數也是非穆斯林，他們發動叛亂和集體改信伊斯蘭教，主要動機就是憑借伊斯蘭的平等主義和各地教團新近獲得的好戰性和生命力，把非阿拉伯的原住民用伊斯蘭的國際主義旗幟團結起來，構成一種反對極少數阿拉伯部族主義分子的階級鬥爭。

這場戰爭的階級鬥爭性質和社會運動性質非常明顯，但軍事性質卻是相反。在伍麥亞時期發生的宗派性戰爭[49]，確實是打過幾場硬仗的，死傷了很多人，在軍事史上也有一定地位，然而這些戰爭都只算是伍麥亞王朝的內戰，並沒有動搖王朝的整體結構。而席捲整個呼羅珊地區、推翻了伍麥亞王朝的艾布・穆斯林叛亂，卻幾乎沒有打什麼硬仗。

就算艾布・穆斯林本人有一定軍事才能，他也不是依靠軍事才能來打敗納斯爾和伍麥亞王朝的其他總督，而是依賴他自己的虔誠。他基本上沒有在木鹿和內沙布爾打仗，只是做出了虔誠的表率。他的主要行動是宗教性的，與其說他是個虔誠的將軍，不如說他是個拿著武器的傳教士。加入他陣營的人，可以享受到不分種族和宗派的兄弟之愛，還有各方面的平等待遇；而留在納斯爾旁邊的人，出身阿拉伯部落以外的人自然待遇較差，就連阿拉伯人內部也根據部族和南北矛盾，彼此之間鬥來鬥去。

結果，儘管納斯爾本人更像是傑出的、打贏多次戰役的軍事家，但他在政治上總是失敗，甚至在打贏了以後，他也不得不跟他的對手簽署條約，而條約簽署

耶路撒冷圓頂清真寺。清真寺的建築範圍，也是猶太教宣稱的聖殿舊址、「哭牆」的所在，這也構成和加劇了各宗教之間的不斷紛爭。（©Andrew Shiva）

㊾ 伍麥亞家族建立世襲統治後，什葉派信徒拒不承認其正統地位，堅持哈里發一職只能由穆罕默德的女婿阿里的後代世襲。在阿里的長子和次子相繼被伍麥亞王朝殺害後，穆罕默德最初的信徒和戰友祖拜爾的兒子，阿卜杜拉．伊本．祖拜爾（Abd Allah ibn az-Zubair，六二四年～六九二年）發起叛亂。由於祖拜爾長期盤踞麥加，獲得相當數量的穆斯林承認為正統哈里發，伍麥亞君主被迫在耶路撒冷營建圓頂清真寺，以抵消麥加天房的影響力。

完過不了幾個月，納斯爾在政治上所處的形勢就跟他打勝仗以前一樣糟糕。艾布．穆斯林基本上沒有打仗，等到他最後以勝利者姿態到達木鹿和內沙布爾的時候，還是穆斯林們把他抬進去的；而納斯爾在不打仗的時候，像是俄國十月革命時期的杜鶴寧將軍[50]一樣，發現自己在總司令部，已經被敵人和叛徒從四面八方包圍了，他根本沒有辦法認真打仗，只能帶著少數隨從狼狽逃走，並在逃走時一命嗚呼了。

把艾布．穆斯林送進木鹿和內沙布爾的這些新穆斯林，就是最近才改信伊斯蘭教的伊朗系民族，他們改信伊斯蘭教、開城迎接艾布．穆斯林，及協助阿巴斯王朝建立，這一連串事情徹底顛覆了阿拉伯人對波斯人的統治。

阿巴斯王朝先在呼羅珊站穩腳跟，然後以呼羅珊的兵力向西進攻敘利亞，七五零年在哈蘭打敗了伍麥亞王朝，摧毀了敘利亞人的殘餘勢力，阿拉伯人的部族力量就此結束了。阿巴斯王朝的朝廷首先設在庫法，然後遷移到新建的巴格達。巴格達城的地理位置，跟原先安息、薩珊王朝的首都泰西封距離不到一百公里，從地圖上看是兩個挨得很近的黑點。而阿巴斯王朝的大臣和軍官，最初基本上都是來自波斯地區。

阿巴斯王朝鞏固形勢以後，首先採取的行動就是在最大的幾個行省——敘利亞和埃及——除掉原有的阿拉伯人指揮官。這些人還能夠逃得出來的，都像伍麥亞王朝的末代王子一樣，盡可能地逃到伊比利半島去了，[51]加入了哥多華的伍麥亞政權；留在埃及的阿拉伯軍官沒有堅持多久，很快就被巴格達朝廷用非正規的手段清洗掉了，從而加強了中央集權。暗殺目標甚至還包括最大的革命功臣艾

巴格達城南的拱門。巴格達城是阿巴斯王朝的朝廷所在地。

[50] 尼古拉·杜鶴寧（Nikolay Dukhonin，一八七六年十二月十三日～一九一七年十二月三日），俄羅斯帝國軍隊的末任總司令。俄國二月革命後，杜鶴寧遵從臨時政府指示，繼續對德國作戰；同一時間，俄軍基層紛紛建立起蘇維埃組織。至十月革命，布爾什維克奪取政權後，列寧和史達林任命克雷連柯接替總司令一職（見《列寧全集》第三十三卷），帶著三個連的兵力，前往杜鶴寧司令部所在的莫吉廖夫。十二月二日，杜鶴寧麾下的軍隊譁變，杜鶴寧被迫屈服，翌日他被幾個士兵用匕首捅死。

[51] 在奪取政權的過程中，阿布·阿巴斯對伍麥亞家族展開了大屠殺，該家族的倖存者阿卜杜勒·拉赫曼（Abd al-Rahman I，七三一年～七八八年）於七五五年逃至伊比利半島，翌年他自立為埃米爾（法定位階低於哈里發的軍政領袖職），定都哥多華，是為後伍麥亞王朝的開端。九一二年，後伍麥亞君主自立為哈里發。後伍麥亞王朝於一〇三一年覆滅。

布·穆斯林，因為他立的功太大了，尾大不掉。阿巴斯王朝主要依靠呼羅珊人的勢力，而呼羅珊地區集結起來的新穆斯林大多數又集結在艾布·穆斯林麾下，所以哈里發在刺殺艾布·穆斯林以後，便用羅馬帝國式的辦法給這些軍人大量發放犒賞，從而把他們穩住。

13、征服者君主和降虜的聯盟

曼蘇爾去世後，《一千零一夜》的男主人公拉希德[52]擔任了哈里發。拉希德死前把帝國一分為二，東部的呼羅珊留給他和波斯妻子生的兒子馬蒙[53]，西部留給他比較正統的妻子所生的兒子艾敏，然後這兩部分之間很快就打起了內戰。馬蒙依靠呼羅珊人的支持，很快統一了整個帝國。經過這次革命以後，帝國基本上是變成波斯人的地方了。它對伊斯蘭神學產生的影響是：高度國際主義的穆爾太齊賴派占了上風。

這一派的主要觀點，照現在的原教旨主義穆斯林來看，顯然是離經叛道的。

它的核心觀點是：古蘭經是受造之物，因為理性是上帝・真主唯一的語言，這樣一個至高無上的上帝・真主，當然只會使用普遍的語言來對人類講話，而只有理性才是普遍的語言，因此，阿拉伯語沒必要享有特殊地位；而既然先知本人明確說過古蘭經是天使交給他的，而他本人又明確說過自己也是一個會死的凡人，那麼就可以合乎邏輯地說，凡人產生出來的東西也是受造之物，而受造之物不可能

伊本・魯西德與波法里的對談想像圖，繪於十四世紀。魯西德曾研習穆爾太齊賴派的學說，並予以針對性的批判。

52 哈倫・拉希德（Harun al-Rashid，七六三年～八〇九年三月二十四日），阿巴斯王朝第五代哈里發。拉希德在位期間，使阿巴斯王朝的國勢達到巔峰。

53 馬蒙（Al-Ma'mūn，七八六年九月十四日～八三三年八月九日），阿巴斯王朝第七代哈里發。馬蒙在位時，阿巴斯王朝已經開始走下坡路，各地紛紛獨立，霸權急速萎縮。但馬蒙以開明君主見稱，他大力鼓勵文學和藝術的發展，促成伊斯蘭文化的鼎盛期。

完全沒有錯誤；因此，即使古蘭經也不是權威的絕對來源，權威唯一來源只能是普遍理性。這是一個連伏爾泰都會贊成的觀點演繹。

馬蒙本人贊成這個教條，一方面是受到波斯知識分子的影響，另一方面也是因為他不樂見於伊斯蘭創教以來的一百多年裡漸漸積累起勢力的阿拉伯教法學家繼續壯大。這些教法學家主要的依據當然就是古蘭經和聖訓，他們認為一切法律的根源都可以追溯到這兩者。如果古蘭經本身也是受造之物的話，那麼也就是說，經、訓和教法的權威都要在理性的權威面前低頭，只有理性的權威才是至高無上的。

馬蒙本人當然認為他自己的理性是很正確的，而他作為最高君主，認為自己的理性的權威至高無上時，從實際的政治意義講就是說，教法學家的權威不是至高無上的，哈里發可以用他本人的解釋去推翻教法學家的裁決。

所以，在哲學上看最開明、最理性的觀點，在政治上恰好代表著絕對君主對教法學家所掌握的獨立司法權的侵蝕。在伊斯蘭世界能夠秉持司法獨立、保護窮人和弱勢團體的利益、對抗君主的政治現實主義的唯一力量——即使不是唯一力量，至少也是最主要的力量——就是教法學家。教法學家把古蘭經和聖訓的地位抬得越高、把教法學家的傳統看得越重，伊斯蘭法庭的獨立性就越強，在位哈里發干涉伊斯蘭法庭審判的能力就越弱。

在這種情況下，馬蒙自然覺得阿拉伯部落的傳統勢力很討厭，因為部落長老的權力是分散的，他們出於宗派主義，不一定完全願意聽從最高君主的理論。另一方面，教法學家更是令人討厭，他們長期研究古蘭經，研究律法，他們對古蘭經和律法的理解很可能跟君主不一樣，他們認為古蘭經和律法是永恆的，過去是這麼解釋，現在也得這麼解釋；而哈里發出於現實政治的要求，很可能今年把古蘭經向東面解釋一下，明年又把古蘭經向西面解釋一下，因為他的政治需要是每年都發生變化的。這樣，哈里發本人的唯理性主義的傾向是不利於伊斯蘭法律的系統化和司法獨立的，而教法學家抬高古蘭經的原教旨主義和強調律法的小共同體主義，反而有利於司法獨立並限制君權。

雙方之間在伊朗語世界的博弈結果是，被征服的伊朗系居民更多地支持哈里發擴大他的個人權力、支持神學上的理性主義，這實際上是打擊了阿拉伯人和傳統教法學家。簡單粗暴地說，這是征服者君主和被征服者降虜的一個聯盟，而征服者集團中原本的貴族和騎士是這個聯盟的共同敵人。他們的勝利造就了阿巴斯王朝的初期架構，也導致了阿巴斯王朝後期的衰落和毀滅。

君主和降虜的結盟，對阿拉伯部族長老和戰士的勝利是非常徹底的，但是對教法學家則沒有取得很大的勝利。阿拉伯教法學家在哈里發馬蒙死後，最終還是戰勝了哈里發和比較世俗、比較理性主義的大臣，把自己的教法傳統維持下去。從行政方面來看，馬蒙以後的哈里發帝國首先是被波斯治國專家壟斷了，但是治國專家壟斷朝廷的結果產生了一個副作用：他們排擠阿拉伯人的勢力，也就解除了帝國原先的武裝。

呼羅珊人的武裝能夠維持政權統治的時間很短，他們不能跟突厥人的軍事團體相提並論，所以突厥人很快就在朝廷上取代波斯人，成為禁衛軍統領，於是阿巴斯王朝後期的政治結構變成了以波斯文官為一方、突厥軍官和禁衛軍為另一方的博弈。最後，隨著時間的推進，突厥禁衛軍的勢力日益強大，漸漸凌駕在波斯人之上。

這是後來突厥系居民最終取代伊朗系居民、在整個內亞占上風的第一波先聲。

14、突厥人的軍事兄弟會制

突厥人占上風，有賴於一種新組織結構的引入，這種結構對後來的東亞歷史也產生了很大影響，就是軍事兄弟會制度。

所謂軍事兄弟會制度是一種描述性質的說法，並不是正式名稱，但它們確實是一種有別於傳統部落的組織。傳統部落帶有一定的血緣性質，習慣法的力量相當強大。部族酋長凌駕於部族普通成員的主要力量，來自於他跟外部的其他部族或者其他君主的交易，也因此酋長在部族內部是半個外人，他的動員能力是很有限的。這樣的組織在突厥人擔任了各種商隊的護衛隊、到各處遠征的情況下，就顯得有點不夠用。因此，一種更加不強調個人出身和血緣關係的制度就要取而代之。

這種制度首先是以義子或虛擬親屬的形式產生的，因為舊制度不會一下子死亡，新制度只能以依附舊制度的方式開始自己的生命，只有在自己足夠強大以後才能夠取代舊制度。

所以軍事兄弟會開始產生的時候，像安祿山這樣通曉各國語言、對商業貿易相當通曉、同時也有一定軍事技術的能人，必須以義子的身分依附於原有的部落首領。

儘管部落首領願意用他，但是必須給他一個名分，因為從原來的傳統來看，部落首領只應該用本部落的人當他的戰士，那麼這個新人怎麼辦呢？就只能用虛擬的方式：收養。儘管他原來不是我們部落的人，但是如果我們的首領願意收養他做乾兒子，那麼他雖然沒有血緣關係，但在法律上已經是部落成員了，我們就可以讓他加入到軍事團體中。

然後像安祿山這樣的戰士多了以後，就漸漸地喧賓奪主，而首領依靠這樣的一群戰士，則可以組成只講才能、不講出身的軍事團體，這種軍事團體的國際主義性質比原先的部落團體要大得多。

原先的部落團體，因為依附於習慣法，所以往往是不能離鄉的。例如我對裏海東海岸的某塊牧場，擁有不知道多少代傳下來的傳統權利，而成為我的夏季牧場，而我在八剌沙衮另外又有一塊冬季牧場，也是基於傳統而來的權利，這兩塊地方，我想部落中的大多數老人，尤其那些精通習慣法的老人是不願意捨棄的。一旦捨棄掉，原來的習慣法就沒有用了，而這些長老也就沒有用武之地了。同時部族大多數成員也是安於現狀的，就只能夏天跑到裏海邊去，冬天又跑到八剌沙袞去，在兩地之間不停來來回回。如果我要跑到漁陽，或者黑海南岸去做買賣，到內沙布爾去當雇傭兵，部族成員就不會讓我去。我這個部族首領如果想去，最好的辦法就是另外搞一個由安祿山、史思明這樣的人組成的軍事兄弟會。這些人之前的出身不重要，大家都來自天南海北，但是為了一個共同的理想團結在一起了。

這樣的團體就不能夠依靠習慣法維持。第一是兄弟會成員不大懂原來的部族習慣法，第二是這些部族習慣法對他們其實也沒什麼好處。他們的好處就在於浪跡天涯，誰給的錢多、誰給的官大，他們就跟著誰走，變成一種唯利是圖的雇傭兵集團。但從軍事技術的角度看，軍事兄弟會的技術能力顯然比原有的部族要強。

他們也都可以毫無原則地效忠，跟拜占庭皇帝也好，波斯君主也好，阿拉伯哈里發也好，大唐皇帝也好，他們只要給的價錢足夠好，比別人的價錢好，給誰效忠都沒有問題。

15、安史之亂是內亞輸出革命

從東亞來說，唐玄宗的軍事革命（安史之亂），以及唐代後期一直到北宋初期整個中原地區的軍事革命（藩鎮割據及五代十國的建立），都是內亞地區軍事兄弟會的震盪餘波，每一次東亞都比內亞慢了半拍。可以說，首先安祿山[54]這種人的階級兄弟組成了自己的軍事團體以後，然後漸漸脫離原有的部族組織，變成一個四處兜售自己技能的武裝護衛團體，給塔什干的國王或者是給其他地方的小王子保護商隊賺到一筆錢，然後尋找機會，發現有領土更大的君主願意出更高價錢給自己的時候，就又投到這些君主的門下。

阿巴斯王朝後期的軍事組織和晚唐、五代和北宋前期的軍事組織，全都是內亞軍事兄弟會的後代。

軍事兄弟會的種族也是非常混雜的，有些是昭武九姓（也就是粟特人）、有些是突厥人、有些則是其他來源。他們的宗教信仰也是千差萬別，好像什麼宗教都可以信仰，只要能夠討他們的雇主喜歡。如果他們為伊斯蘭教君主服務的話，多半最後也會改信伊斯蘭教。

阿拉伯史家和波斯史家可能是出於失敗者的憤怒，把他們描寫得相當醜陋——無論兄弟會說他們信仰什麼宗教，或者信仰伊斯蘭教的哪個教派，其實他們真正貪圖的無非是黃金、果園和美麗的女奴，總而言之是貪圖雇主給他們的各種賞賜。只要給了他們賞賜，或者讓他們得到更多的賞賜，信什麼教對他們來說是無所謂的。但是，以上史家也不得不承認，原來阿拉伯人非常贊賞的那些高個

內亞打扮和長相的彩繪武士俑，出土於唐永泰公主墓。

54 安祿山（七〇三～七五七年），營州柳城（今遼寧省朝陽市）人。母阿史德氏。父為昭武九姓的粟特人，母為突厥巫師，信仰祆教。安祿山是唐代藩鎮割據勢力之一的最初建立者，也是安史之亂的主要發動人之一，並建立燕政權，年號聖武。日本學者森安孝夫根據中亞出土的古代文獻認為，其本姓康（粟特語：kang），或之後改姓的安（粟特語：an），都是粟特人使用的漢姓。學者亨寧（W.B.Henning）提出，祿山，或犖山，為粟特語 Rokhshan，是光明的意思。安祿山、史思明等人，死後仍被華北軍人奉為神明。祿山部將田承嗣投降唐室，受封魏博節度使，為了安定北方人心，特別為安祿山、安慶緒、史思明、史朝義四人立祠，即安史四聖。

子、金頭髮、膀大腰圓、長相非常英俊、也就是菲爾多西[55]在《列王紀》中描寫的波斯戰士，在戰場上是鬥不過這些自稱是突厥人、但其實不一定是突厥人的軍事兄弟會的。

軍事兄弟會發動的軍事革命，把整個內亞和東亞的軍事組織和政治組織完全改變了。他們首先以禁衛軍的身分向哈里發索取賞賜，最後索性直接推翻了哈里發，扶立他們認為容易控制的、年幼軟弱的哈里發。這就導致了哈里發帝國的分崩離析。帝國分崩離析以後，強大的藩鎮，像是薩曼王朝[56]、布維西王朝[57]、伽色尼王朝[58]這樣的地方勢力，相繼分割了哈里發帝國。而這些新王朝無一例外，要麼他們也像阿巴斯王朝一樣引進突厥人的軍事兄弟會保衛自己，要麼他們自己就是由舊禁衛軍建立的突厥人王朝。

比如薩曼王朝，誕生在波斯文化勢力最強大、經濟最發達的河間地區，他們的波斯性質是很強的。現在波斯人當作民族史詩的《列王紀》和其他名著，其實並不是產生在波斯本土（伊朗地區），而是產生在河間（外伊朗）地區。薩曼王朝在伊斯蘭史籍中留下了一句名言，叫做「離開了薩曼家族，連樹都不肯好好生長」，可以看出這個王朝的君主是非常開明的，他們樂於獎勵文學和藝術。而文學和藝術的承載者往往又是波斯語的詩人和學者，所以他們是波斯語文化的重要傳遞者。但即使是如此重視文藝，薩曼王朝在他們的軍事組織中也要大量引進突厥和雜胡。而最重要的是，這些人後來往往都被歸到「突厥人」名下，因為突厥人好像是這些軍事集團當中人數最多的，另外由於突厥語在後來占了上風，差不多統一了大半個內亞，所以歷史學家用後來的情況回溯過往時，往往把以前並不

55 菲爾多西（Ferdowsi，九四〇年～一〇二〇年），波斯著名詩人，代表作為史詩《列王紀》（Shahnameh）。《列王紀》長達十二萬行，上至遠古，下至薩珊王朝滅亡，敘事橫跨四千年，被譽為波斯古代社會生活的百科全書。

56 阿巴斯王朝統治後期，地方分離傾向越演越烈。為了回報薩曼．胡達（Saman Khuda）的支持，阿巴斯王朝於八七五年允許他在河中地區建立埃米爾政權。薩曼王朝歷時一個多世紀，九九九年被伽色尼王朝取代。

57 九四五年，雇傭兵出身的布維西之子攻入巴格達，控制了阿巴斯哈里發。布維西王朝的領土大致在今天的伊拉克和伊朗西部，一〇五五年被塞爾柱土耳其人所滅。

58 薩布克特勤（Abu Mansur Sabuktigin，九四二年～九九七年八月五日），十二歲時在戰亂中被賣為奴隸，其後被薩曼王朝的伽色尼（今阿富汗加茲尼）總督阿爾普特勤招為女婿。阿爾普特勤本人也是突厥奴隸出身的將軍，本為薩曼王朝的禁衛軍統領，後被罷免，於是阿爾普特勤帶著親信奪取伽色尼城，在當地建立割據政權，並擊敗薩曼王朝派遣的鎮壓軍，薩曼王朝被迫封他為伽色尼總督，實際上處於半獨立狀態。阿爾普特勤死後，薩布克特勤又侍奉了他的兒子艾布．伊伯拉欽及其兩個後繼者，最終在九七七年建立了埃米爾政權。伽色尼政權歷時兩個世紀，後被古爾王朝攻滅。

說突厥語的很多河間地區居民也都算成了突厥人。

16、波斯文官和突厥禁衛軍

兄弟會的主要優勢除了沒有偏見、能夠引用新的軍事技術以外，更重要的就是他們的理性、客觀、中立的性質。這個理性客觀中立性質，不僅使他們占據了禁衛軍統領的職務，而且使他們在原先由波斯人把持的文官系統也占據了一席之地。公務員制度最重要的不是技術能力，而是公務員不偏袒任何階級、任何城市、任何部族，在任何人面前都是絕對中立的。什麼人才能夠保持絕對中立呢？答案是外來人。如果是這個社會內部的人，他肯定有各式各樣的關係網，因此，社會內部有機共同體產生出來的精英，就不可避免地要具備一些土豪性質，從而不一定維持公正。華盛頓總統和李將軍[59]肯定是要偏袒維吉尼亞老鄉的，否則他們就不能叫做土豪。

伊朗系民族的土豪，他們的鄉土性還是有的，尤其是在費拉化程度比較差的河間地區，非常講究他的城市出身。從昭武九姓這個詞可以看出，每一個姓對應的都是某個特定的城邦。他們對原來所屬城邦的忠誠，即使在離開城邦以後的幾代人心目中仍然保存著。對於那些遷居到敦煌或者是東亞內地的康姓或者安姓的粟特商人來說，他們很明顯已經不打算回到內亞了，但是彼此之間仍然通過姓氏和祖籍，形成各自獨立的特殊團體。

《列王紀》插畫，繪於一五三〇年左右。圖中的波斯騎士很是驍勇，然而這都已變為對過去的追憶。

59 羅伯特．李（Robert E. Lee，一八〇七年一月十九日～一八七〇年十月十二日），出生於美國維吉尼亞州（華盛頓亦同），美國南北戰爭期間，南軍（邦聯）最出色的將軍，戰爭後期擔任南軍總司令。

而北朝和隋唐帝國為了處理這些團體，不得不根據他們原來的傳統設立像薩寶[60]這樣跟郡縣制不同的官職，來安撫或者是羈縻他們。但他們仍然堅持強有力的屬地主義或者宗派主義的特質。某個姓氏的人擔任這個官職，通常就會把這個官職傳遞給他們的子侄，而不會傳遞給其他城邦或者其他姓氏來源的人，哪怕他們同樣來自內亞、粟特。

這些人在薩曼王朝和其他波斯語系的王朝當官，自然也就免不了把他們足夠客觀中立的性質引入原先的「治國術」去。所以在像尼贊[61]這樣的在塞爾柱突厥[62]當政的波斯人大臣看來，當時外伊朗地區最先進的機構其實不是文官機構，而是禁衛軍。禁衛軍的好處是什麼呢？照尼贊的說法，就是他們屬於五湖四海的國際主義者。在尼贊看來，最優秀的君主甚至不是薩曼王朝的君主，而是阿富汗的伽色尼王朝的君主，因為後者的軍隊，國際主義性質最強，他們來自於普天之下的各個部落，而沒有任何一個部落能夠自誇說這支軍隊是他們本部落的軍隊。在阿拉伯征服的初期，這個特點非常明確：征服伊比利半島的阿拉伯人軍隊，就是葉門人和北方阿拉伯人的兩支軍隊，他們相互之間的仇恨往往比各自對敵人的仇恨還要大。哪一支軍隊是哪一個部族組成的，壁壘分明。先打下某座城市之後，他們死也不會讓另一個部族軍隊來占領。即使在哥多華埃米爾國成立以後很久，原先控制城市的阿拉伯家族寧可把城市交給猶太人或者是其他異教徒，也絕不會考慮交給與他們敵對的部族。

波斯人在這方面就比他們好得多，一座城市或一個地區如果交給波斯行政長官來管轄的話，國際主義性質和公平性質就要比阿拉伯部族要大得多，收到的稅

尼贊雕像。他親手締造的強盛帝國，最終也不過是曇花一現。

60 關於此點，作者另有一段評論：「薩寶最合理的翻譯，應該是商務領事裁判法庭。薩寶府在東亞變成一種官職，其實是東亞技術落後的附帶結果。總理各國事務衙門奪取了兵部的權力，也是因為這個理由……洛陽薩寶府的權力，比東交民巷大多了。宇文護堪稱鮮卑利亞的楊宇霆，河中帝國主義在東亞的代理人。西魏和晉國全境都在伊朗系雅利安人的領事裁判權籠罩之下，長安、洛陽和各州都有薩寶府。薩寶府有自己的主教、洋槍隊和法庭，掌握了鮮卑帝國的技術命脈和經濟命脈。」

61 尼贊．穆勒克（Nizam al-Mulk，一〇一八年～一〇九二年），擔任塞爾柱帝國宰相長達二十九年。尼贊執政期間，在政治、軍事及文化事業等方面均有建樹。

62 塞爾柱人起初在伽色尼王朝麾下，作為突厥雇傭兵而活躍，一〇四〇年，他們在首領圖格魯勒．貝格的率領下，於丹丹納干戰役中擊敗原雇主，征服了呼羅珊地區，建立塞爾柱蘇丹國。一零五五年，貝格又擊敗布維西王朝，阿巴斯哈里發成為其傀儡。至尼贊逝世後，諸王子爭位，塞爾柱分裂為許多個小邦。

收要多得多。但是更優秀的，還是由突厥人和其他出身不明的軍事冒險家組成的禁衛軍。它的國際主義性質是最突出的，任何人只要有才幹，都能在突厥禁衛軍中發跡，所以它的效率也是最高的，辦事也是最公正的。儘管尼贊是波斯人，但是他佩服波斯人文官的程度好像還不如佩服突厥人的禁衛軍，他最講究的，一是公正，二是理性，三是效率，這三者都要求無根的才子，無論這個才子是搞文的還是武的。文武之間的區別其實只是技術性的區別，客觀理性公正才是政治德性上的區別。

17、內亞古老多樣性的喪失

突厥禁衛軍，從專制主義的角度看可以說是最理想的公務員。伊斯蘭世界引進突厥禁衛軍的過程，很像現代西方世界引入公務員制度的過程。得到一批理性客觀的公僕後，就不會再受原來的土豪和豪強、各種宗教和教派的掣肘。但是與此同時，潛入國家機器內部的專制主義和福利主義也在暗中上升了一層。薩曼王朝滅亡以後，內亞地區的政權最終完全轉移到突厥禁衛軍手裡，因此平等主義的性質就加深了一層，而原有各城邦的特殊主義也就相應地降低了一層。

當然這個降低是相對的，相對於波斯本土和東亞大陸來說，河間地區的多樣性還是要稍微多一點。直到蒙古征服前夜，從花剌子模帝國[63]的徵稅制度就可以看出，它對於自己花剌子模老家的稅收制度是一回事，對於河間地區各個結盟城

蒙古西征大軍攻城圖，手抄本繪畫。這些士兵（和器械）屬於成吉思汗的孫子旭烈兀，他後來建立了伊兒汗國。

[63] 花剌子模（Khwarezm）本為伽色尼王朝的一個省分，一〇四二年被塞爾柱王朝攻占，至一〇七七年，花剌子模總督逐漸獨立，花剌子模軍於一一九四年擊敗了塞爾柱的末代蘇丹，又在一二一五年攻滅古爾王朝。三年後，由於國王摩訶末殺害成吉思汗的使者，蒙古軍發動西征，導致花剌子模被滅。

市的稅收制度又是另外一回事。那些結盟城市儘管在地圖上講是被劃在花剌子模帝國內部的，但是他們原有的水利系統和土地管理機制產生出自己的土豪，仍然只有這些土豪才最善於經營本地的稅收機器，花剌子模政權需要任用這些土豪作為當地的收稅官，實行特殊的收稅制度。也就是說，這些城市仍然保留著一定程度的自治性質。

蒙古西征大軍對這些自治城市作了進一步打擊，消滅了它們大量的人口，也打亂了它們原有的灌溉系統。因此蒙古人到來以後產生的各個新政權，就不如薩曼王朝和花剌子模帝國那樣尊重河間地區原有城市的自治權。這是內亞的歷史向下轉折的一個重大關口。但是即使如此，到了帖木兒帝國時代，帖木兒本人，也依舊對撒馬爾罕採取了特殊政策，對喀布爾、伽色尼、八剌沙袞各地的領地仍然保留了相當多的封建主義和特殊主義。他之所以在很多地方專門保留下了封建領地，是為了分封給他自己的子侄，而他的子侄做了當地的領主之後，要想站住腳跟，則必須在當地的各大家族和原先出自帖木兒家族的親族之間搞好平衡，如果平衡不好的話，這些封建領地本身仍然會發生政變。而這塊領地的繼承人，也仍然要考慮帖木兒家族內部的宗族關係和各地方勢力之間的平衡。帖木兒帝國的這種狀態，可以說是內亞地區古老多樣性的最後一點點殘餘。

從薩曼王朝到帖木兒帝國，大體上講，就是原有的土豪領主和商團勢力日益衰竭，最後變得只剩下一點影子的過程，同時突厥兄弟會勢力不斷上升，最後不僅在軍事部門，而且在文職部門都占據統治地位。這個過程，基本上是每個新的征服者都應該負一點責任。儘管後來的伊斯蘭編年史學家往往把一切責任都算到

帖木兒畫像。

帖木兒雕像，位於烏茲別克的夏克里薩斯，帖木兒被烏茲別克視為民族英雄。

帖木兒本人身上，但帖木兒起的破壞作用好像也不比以前的喀喇汗國[64]或者是伽色尼王朝來得更大一些。基本上是，每一次發生改朝換代，新朝代的突厥人性質、浪人性質、雇傭兵性質都會比原來的朝代更深一層，波斯人占據的政府部門都會比原來更少一些，同時城邦和地方的勢力也比原來更削弱一些。

18、中亞的包稅制和東亞的單一稅制

帖木兒的征服儘管被外伊朗地區的人痛罵了幾百年，但是他所派出的總督通過軍事承包制度和包稅制度，仍然保留了一點地方自治的殘餘。其實包稅制度本身就是對地方多樣性的一種承認，元代對中原地區實行的包稅制度受到儒生的一貫反對，然而跟儒生習慣的編戶齊民相比，實際上是更多地保存了地方多樣性的因素。

如果採取包稅制度的話，在揚州這樣的貿易口岸就可以包一個很高的稅值，同時在比較貧瘠的地方，例如山東的德州，可以定一個很低的數目，這樣的稅收

體制相對而言是不那麼僵硬的。而且包稅商本人不一定是直接從居民身上課稅，很可能是通過他本人經商、或者跟當地的商業寡頭達成各種協議、通過對當地流通的商品間接徵稅而得來的，不一定需要把負擔安插到每一個戶籍居民頭上。

而後來明代儒生實行的稅收制度就僵硬得多，某個地區的稅收在建國初年固定為多少丁額以後，長期都沒法改變，無論當地的經濟發展形勢是更繁榮，還是

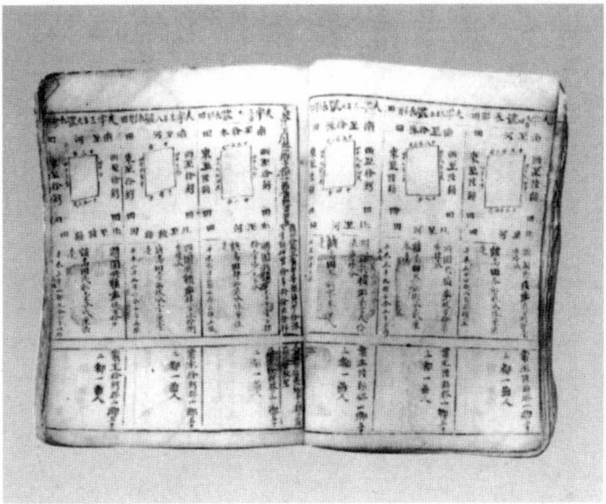

魚鱗圖冊是明代徵收地丁錢糧而使用的冊籍，明末已無法反映現實現況，流為具文。它缺乏中亞包稅制的靈活性。

64 喀喇汗國（八四〇年～一二一二年）是由葛邏祿人建立的國家，曾長期控制河中地區，後被西遼和花剌子模攻滅。

更衰落，但是國初定下的稅額很難改變。同時稅額是直接攤到每一戶身上的，中間一點緩衝的餘地都沒有。如果某一戶太窮的話，即使是非常輕、非常少的一點稅都可以讓他破產，完全維持不住生存；而比較富裕的人，儘管有能力交出更多的稅，但是在這種稅制之下，政府沒辦法向他要更多的錢。負責徵稅的地方官府更沒有辦法通過金融或商業手段，在「納稅難」區域和「納稅易」區域之間來回調節。

而包稅制是從中亞產生出來的，它比較適合於中亞，因為中亞哪怕是相隔幾百里，經濟形勢都非常不同。例如在撒馬爾罕以西的某些灌溉農業地帶，有產量非常高的農莊，好些農莊甚至是薩珊君主的私人產業，後來被阿拉伯哈里發所繼承，以後再變成其他君主的私人產業，性質跟其他地方不同。僅僅是這些產量非常高的私人果園和農莊，就足以替整個省分付稅，因此可以減輕、甚至豁免掉整個省分的稅收負擔。這樣的事情在郡縣制度和編戶齊民制度下是沒法實施的，但在河間地區的包稅制度之下就可以靈活處理。

但是，每一次的征服都會帶來一次新的破壞。成吉思汗大軍來了以後，河間地區很多精耕細作的果園地帶都遭到了破壞。《長春真人西遊記》就記載了丘處機[65]在那裡居住時看到的慘狀，他說，山中都是被打散的盜匪，還經常出來騷擾破壞，河間地帶的人口，現在剩下了不到四分之一。原來擁有巨大交稅能力、而且能夠通過金融手段在國家和納稅人之間緩衝的商團，已經破產或消失了一大半。儘管如此，四大汗國時期蒙古諸領主擁有的資源，仍然比帖木兒時代的領主擁有的資源要大得多。帖木兒的征服，等於是把成吉思汗征服時沒有破壞的東西

使臣覲見成吉思汗，《史集》插圖，一四三零年。在蒙古大汗的營帳前，丘處機等人或許同樣經歷過這樣的等待。

65 丘處機（一一四八年二月十日～一二二七年八月二十二日，字通密，道號長春子，山東人，金末元初的全真道道士。丘處機先後受到金世宗、金章宗、金衛紹王、金宣宗和成吉思汗的敬重，並因遠赴西域勸說成吉思汗減少屠殺而聞名於史。

又重新洗盪和破壞了。在他和他的子孫統治之下，也就是撒馬爾罕、布哈拉這幾座他特別寵愛和保護的城市，還能保留原先的特權和生機，其他的很多地方已經變成盜匪橫行的地方了。

在軍事強人的統治之下能夠做到暫時盜匪匿跡、社會治安似乎很好，但這種狀態是依靠軍事恐怖主義維持的，時間也不長久。而且能幹的總督多半會引起最高君主的猜忌，如果總督不趕緊篡位的話，他自己也會死於非命。隨著總督的下台或者死去，道路上又會充滿了盜匪，治安又會變得差勁，稅收又會維持不上。帖木兒時代以及帖木兒去世以後的波斯語史官，在他們留下的紀錄中間充滿了這樣的哀鳴。

他們非常清楚，波斯人在藝術和學術上領先於全世界、以至於可以使全世界忘記他們的軍事低能。現在他們不僅在軍事上受制於突厥人，甚至在他們最自豪的藝術方面也漸漸落到了下風。西北部的大不里士[66]被土耳其人一再蹂躪，東部和東南部則被帖木兒帝國一再蹂躪。

19、蘇菲主義的盛行和中亞的費拉化

直到薩法維帝國[67]建立，波斯語地區才算是產生出了一個比較負責任的中央政權，而薩法維王朝的建立主要是依靠教團組織。在蒙古人和帖木兒帝國造成的一片混亂當中，唯一實力不但沒有削弱、反而能夠跟軍事兄弟會並駕齊驅、不斷

薩法維王朝的國旗。薩法維王朝的建立主要依賴教團組織，而在該王朝，教團中蘇菲主義的成分越來越占優勢。

⓺⓺ 大不里士（Tabriz），古稱桃里寺，位於伊朗西北部的赫．塞漢特高原之上，海拔一千三百五十米，夏季氣候溫和，被視為避暑勝地。據傳說，大不里士曾是哈里發拉希德妻子的住地，並於十七世紀成為薩法維王朝的首都。

⓺⓻ 薩法維王朝起源於十四世紀，其時有一個在亞塞拜然境內蓬勃發展的蘇非派教團，這個教團的創立者叫做薩法維．阿爾丁（Safi Al-Din，一二五二年～一三三四年），教團也命名為薩法維耶。一五〇一年，時任教主伊斯邁爾一世聯合土庫曼民兵，擊敗白羊王朝，是為薩法維朝的開端。伊斯邁爾是薩法維（父系）和圖．佩荷萬（母系，Tur Ali Pehlwan，白羊王朝的創立者）的後裔，為了政治需要，他先自稱是穆罕默德女婿阿里．塔里布的子孫，後又自稱是薩珊王朝的後代。

擴張的組織，就是教團組織。而且這些教團組織，在早期還比較多樣化，在晚期，蘇菲主義[68]的成分就越來越占了壓倒性優勢。蘇菲主義在中亞的意義很像是禪宗在東亞的意義：第一，它是平等主義的，它強調簡易，而它平等主義的程度比原先伊斯蘭各教派更大；第二，它是神秘主義的，強調個人冥想，因此學究式地做學問在這些僧侶看來是多餘的。這兩個特點極大地促進了當地的費拉化。因此，十四、十五世紀時期的內亞就變成了宗教兄弟會——教團和軍事兄弟會——禁衛軍勢力不斷擴張，原先的各種多樣化組織，像是正常細胞被癌細胞吞噬一樣，漸漸地被這兩種組織吞噬，最後它們一統天下。

在帖木兒的子孫完全衰亡、退出歷史，昔班尼人[69]和烏茲別克牧民橫掃過來以後，撒馬爾罕和布哈拉這些城市最後的輝煌也就結束了。他們原本擁有的先進技術，就是冶鐵技術、刀劍鑄造技術和後來才引進的火炮技術，在十五、十六世紀以後的中亞，是唯一殘存下來優越於世界的東西。而波斯人薩曼王朝時期曾經使河間居民感到驕傲的律法學、醫學還有各種工藝技術，都已經找不到痕跡了。最後在俄羅斯人征服中亞的時候，那三個汗國[70]唯一能夠使俄羅斯人感到驚訝的，就是在這樣原始的地方，居然還有如此優秀的軍械廠，仿造出來的大炮和火器跟俄羅斯人的武器沒有明顯區別，甚至有些比原來的質量還更好。

在突厥化戰勝波斯化的過程中，原先種族傾向並不是很明顯、甚至已經接受了伊朗語的某一個分支的很多種族，都在語言文化上接受了突厥語。而波斯語的衰亡和突厥語的流行，本身就是內亞地區經濟和政治形勢惡化過程的一部分。等到最後薩法維王朝和俄羅斯人徹底瓜分了伊朗地區的時候，伊朗語本身的地位已

蘇菲派詩人拉赫曼・雅米作品《七柱》插畫，十六世紀。雅米在帖木兒帝國擔任翻譯官，也牽涉到宮廷中的紛爭。

68 蘇菲派（Sufism），屬於伊斯蘭教的神秘主義教派，該派別詮釋古蘭經的方式有別於一般穆斯林，在個人生活方面相當嚴格，奉行禁慾主義，追求精神層面的提升。

69 昔班尼人（Shaybanids）是波斯化的突厥・蒙古人，攻滅帖木兒帝國，並分別統治布哈拉汗國和希瓦汗國。

70 指上述兩個汗國以及浩罕汗國。布哈拉和希瓦分別在一八六八年、一八七三年成為俄羅斯帝國的附庸，至一九二〇年被蘇聯吞併，而浩罕汗國則於一八七六年被帝俄軍隊攻滅。

71 早在伊斯邁爾一世統治時，薩法維宮廷中使用的就僅僅是亞塞拜然語。其後，亞塞拜然語仍長期與波斯語並列為官方語言，直到一七五〇年，桑德王朝取代薩法維王朝為止。

經變得微不足道了。朝廷本身要麼是講突厥語的亞塞拜然人[71]，要麼是俄羅斯人，而這些朝廷的先進技術人員本身也是外來的。朝廷如果還有什麼忌憚的話，那麼他們就只忌憚兩種人：一是仍然穿插在各帝國周邊不斷移動的遊牧部族；二是信仰虔誠和狂熱，由於高度平等主義和高度團結，具有巨大殺傷力的教團組織。這些教團組織有能力發動叛亂，甚至能夠把他們自己選出的依靠宗教虔誠和仲裁力量的領袖送上寶座。薩法維王朝有一半都要依靠這些教團組織支撐。也正是教團組織，在漢志和阿拉伯半島產生出了近代的沙烏地阿拉伯王國。

　　但是從伊斯蘭教本身的角度來看，在阿巴斯王朝時期剛剛皈依伊斯蘭教不久的波斯語學者，在教義教法方面都做出了很大的貢獻，不但能夠跟阿拉伯語的學者競爭，甚至能夠凌駕其上；到蘇菲主義盛行以後，儘管朝廷變得非常尊重教法學家，甚至在二十世紀初葉通過的波斯憲法中還有這樣的句子：「一面要保佑國王陛下安康，一面要保佑教法學家日益繁榮，人數日益增多。」但儘管在這樣全社會崇拜的狀況下，教法學家仍然產生不出什麼新東西來。最後的幾個世紀不僅是伊朗地區經濟和政治的凋敝時代，甚至也是伊斯蘭教教義學和教法學的凋敝時代。

蘇菲派產生出了強有力的神秘主義傳統，但是神秘主義傳統是很難言傳的，有很多東西就像我們後來見過的氣功一樣，只能口傳，只能心領神會，不可能記錄下來。而東亞的氣功，有很多都是通過直接或間接的方式，運用了蘇菲派的口訣。蘇菲派在伊朗，儘管原先創始的目的是為了更好的人神融合，但他們對宗教和學術產生的主要結果就是，用比較簡單的、比較神秘主義的、外人沒法理解的口訣和心法，取代了非常講究邏輯和文法的教法學和教義學。結果，無論從阿拉伯文化還是波斯文化的角度來看，教法學和教義學應該是學術的繁榮時期，而口訣和心法則是學術的衰敝時期。

蘇菲主義最後的盛行，等於是為內亞的落日餘暉塗上了一點點象徵性的反光，以後內亞就要進入長期的黑暗之中。

第二講　內亞海洋與帝國秩序

1、最初的文明產生於西亞

人類的文明，我把它解釋成一個規則生成和演化的過程。其他的因素雖然有，但其實都是由這一點派生出來的。這樣就可以引出一個附帶的推論，它會顛覆很多習以為常的見解，我們認為或以為是盛世的時代，其實往往不是規則產生和演化最重要的階段，它們與其說產生規則，倒不如說是消費規則。規則真正產生的地方，是人類出現文字和文明之前的時代，我發明了一個名詞「原始豐饒」來稱呼它。

為什麼會產生在這個時代？按照李維史陀[1]的解釋，恰好就是因為文字和文明的產生，導致了管制系統的加強，因此在無文時代比較自由而多元的演化，反而變得緩慢和單一了。

這樣說有很強的證據。對人類民生最重要的所有的發明，比如耕作技術、畜牧技術、人類馴化的大多數動物、植物和各種技術，這些東西全都是在文字產生以前誕生的；而文字產生以後，唯一的重大創新就只有官僚制度和國家組織，各項發明的速度反而是減慢了。

如果把世界看成是達爾文式的生態演化產物，那你就可以看出，規則在什麼情況下能夠最大限度的產生和演化：它應該是多元的，存在著許多個彼此相對孤立的小生態環境，局部規則在這樣的環境中間，能夠充分的產生，而在它產生做大以前，不會受到太多的干涉。

它也要有一定的流動性，然而速度應該是有限的和緩慢的，也就是說，不同

楔形文字是源於底格里斯河和幼發拉底河流域的古老文字，這種文字是由約西元前三二〇〇年左右蘇美人所發明，是世界上最早的文字之一。

❶ 李維史陀（Claude Lévi-Strauss，一九〇八年十一月二十八日～二〇〇九年十月三十日），法國著名人類學家，與弗雷澤、鮑亞士等人共同享有「現代人類學之父」的美譽。李維史陀的理論成果以神話符號學為主，並對結構主義流派和結構人類學流派的思想發展做出了很大貢獻。

的小生態環境，以及各種不同的局部規則，要通過相互滲透接觸和碰撞，不斷地深化和演進。

但是，如果存在著席捲一切的高速交流，那麼就足以使某些在局部環境中產生暫時優勢的規則，在極短的時間內，一下就掃平廣大區域裡面的眾多規則。就像某種突如其來的黑死病一下子可以消滅一大批人口一樣。這樣是不利於規則複雜度的演化的。要麼就是簡單和平鋪的規則替代一切；要麼就仍然是有規則，但沒有發展到充分複雜和堅強的地步。

符合這個條件的地方，在文明和文字產生以前，幾乎是全世界；在文明和文字產生以後，反倒只存在於某些特殊地區，特別是舊有文明的邊緣區。而文明的核心區，表面上看是光華最盛的地方，實際上它恰好是規則消耗得最厲害的地方。它之所以光華最盛，恰好就是因為它以前的積累較多，而現在還沒有消耗完。如果處在正在積累和生產的階段，那麼燃燒的光是不會很亮的；等到燃燒光度最亮的時候，實際上經常是生產速度已經趕不上燃燒速度了，燒光以後就要變成灰燼。

2、高地型和濕地型文明

我們回顧文明最初產生的狀態。因為它多元化的程度，比文明產生以後要大得多，所以不大可能作精確的區分。但是如果只要求一個大致線索的話，可以把它分為三種在時間上有交錯，但是先後順序還是很明顯的類型：高地型、濕地型

建築在尼羅河高低的金字塔。

烏魯克（Uruk or Erech），美索不達米亞西南部蘇美人一座古代城市。文獻紀載，烏魯克於西元前二九〇〇年最為興盛，可能有五萬至八萬名居民在六平方公里的城牆範圍內居住，為當時全球最大的城市。

和草原型。它們產生的大致順序是，首先是高地型，其次是濕地型，最後是草原型。這三種基於不同環境所演化出的規則，對後續的文明演化起的作用不一樣，跟這個時間差很有關係。但不是說所有地方都是先高地，再濕地，再草原，從局部來看是可能有很多例外的。

最早產生文明的地方，就是在西亞一帶，這個大致是靠得住的，留下紀錄最多的地方，比如兩河和埃及，情況很明顯。下埃及[2]還是蚊子橫行沼澤地的時候，上埃及的高地首先產生了邦國；美索不達米亞還淹在水底的時候，比較上游的馬里城邦[3]，耶利哥城邦[4]就已經存在了。這裡面有一部分原因是地理環境和自然條件，因為開發濕地需要大量有組織的勞動力，組織性不太強、人數較少的部落勝任不了這樣的工作。能夠戰勝蚊子，修建起水利系統，這是技術水平已經有一定發展的證明。人類文明在剛剛開始的時候，技術水準應該還達不到這樣的水準。而高地的特點是什麼？它的生態環境比較豐富，有灌木，有喬木，有草叢，氣候也比較適合人類居住，它不太潮濕，沒有什麼有害疾病和蚊子之類的有害昆蟲。小部落在這樣的地方是容易扎根和生存的。

所以城邦和文明，不是在低地而是在高地最先產生。他們在發展到一定階段以後，才進入低地，這件事情對文明是一個挑戰，因為你達不到技術門檻就進不去，可以說高地的最初文明，主要是自發秩序，而由低地產生的文明，設計色彩則非常濃厚。美索不達米亞的蘇美爾❺是定居文明的始祖，它的特點是什麼呢？是神廟的設計師角色。現在看來，好像有很多蘇美爾城邦，是在原先不適合人類居住的沼澤地上，排乾積水以後建立起來的。像尼羅河邊和幼發拉底河邊上的土

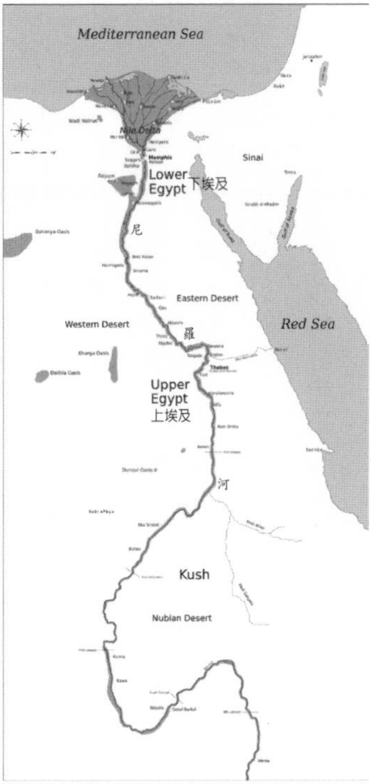

上下埃及地圖。下埃及還是蚊子橫行沼澤地帶的時候，上埃及高地已經產生了文明。

❷ 此處還請讀者留意，「上」、「下」是「上游」、「下游」的意思，因此下埃及實際為埃及北部（尼羅河自南向北流）。

❸ 馬里城邦，即今天敘利亞的特拉哈利利（Tell el Hariri），位於幼發拉底河中游的西岸。馬里是地中海東岸與兩河流域之間的交通樞紐，以商業發達而著稱。

❹ 耶利哥，位於約旦河西岸的城市，《聖經．舊約》對該城有所記載。根據目前的發掘情況，耶利哥建城的年代，可能早於公元前九千年，是世界上最古老的城市。

❺ 在美索不達米亞諸文明中，蘇美爾是最早產生的一個。該文明的開端，可追溯至距今五千三百年前左右。蘇美爾文明歷時約三千年，直到公元前二十一世紀被埃蘭人擊滅。

地，比高地和山坡上的土地要肥沃多了，你只要有技術能力，把這些沼澤地開發出來，那麼農作物的產量一定比原來要高得多，但是這需要一個組織者，而它一般是神廟。

蘇美爾城邦一開始劃分出來的土地，都是方方正正的，跟今天美國各州的邊界一樣。如果是自然形成的土地分野，那麼它的邊界應該是犬牙交錯的，整齊的邊界代表著人為設計的產物。而且，有很大一部分土地是撥給神廟的，由神廟負責支付各種社會事務——照現在的話說就是社會福利和公共開支之用。除了以上功能，神廟還分擔了部分政府的事務，一部分民間慈善組織的事務，一部分知識分子的事務，同時還兼任著旅客的招待所、金融服務中心、契約的保管者之類，各種五花八門的任務。

這樣的地方，按照當時的標準，可以說是人間樂園，《聖經》裡面的「伊甸園」，意譯的話就是「正直人士的家鄉」，而它的位置也是可以定位的，就是伊拉克中南部到阿拉伯半島北部一帶。《聖經》裡面記載的四條大河[6]，其中兩條叫幼發拉底河和底格里斯河，它們現在還在伊拉克境內流動。至於另外兩條大河，儘管後來氣候變得乾燥，它們已經斷流了，但是它們的舊河道也可以找出來，你從衛星圖看，在現在的沙烏地阿拉伯北部，它們已經變成沙漠了。但是伊甸這個詞出現的時候，我們可以相信《聖經》說得沒錯，這四條大河的確是同時在這塊土地上奔流的。這個地方因為被周圍所有的人羨慕，就像人間樂園一樣，於是在它消失後很久，還留下了伊甸園的傳說。

但是這樣的體系有一個重大弱點：它的規則驚人的單調。像馬里城邦，它還

伊甸園景象，油畫，一五三零年。《聖經・創世紀》記載的四條河流都是從伊甸園發源的。

❻ 據《聖經・創世紀》，這四條河流的名稱分別是：比遜、基訓、希底結、伯拉。希底結和伯拉即是後續提到的「兩河」（流域）。

帶有一定的部落色彩。現在留下來的可能是七、八千年以前的紀錄，顯示城邦內部存在很多多樣性的政治組織，而這些政治組織是馬里王不能直接控制的，所以「馬里國王」這個頭銜不能夠按字面意思理解，之所以如此翻譯，不過是因為找不到更合適的譯名，就勉強把它稱之為國王。對於馬里境內的特殊政治實體，就連對它們進行人口統計都做不到，它是一個多元的嵌合體系，更接近於中世紀歐洲那些王國，而不大像是我們現在理解的這樣的國王。

而蘇美爾城邦，由神廟統治的城市，讓人聯想起什麼呢？聯想到印度西北部，印度河文明的那些失落城市，或者是讓人聯想起以類似現代科學管理的方式統治、實行公有制的印加帝國[7]，令人聯想許多共產主義者所設想的一個井井有條的烏托邦。蘇美爾城邦有一個賢明的管理階級，把一切都規劃得很好，它的社會規則異常單調，但它的物資財富極其豐富。從生態學的角度考慮它的話，這就是一個非常危險的選擇：高度良種的小麥或者水稻，基因是很單調的，不發生瘟疫的時候，它的產量非常高，但是抗病能力很弱，只要發生瘟疫，它們就很容易大片大片地死光。

一般人理解的文明，就是第二種類型的文明：濕地型文明。一般說來，這種文明能夠供養最大量的人口，可能人類的百分之八、九十以上，都是來自於這種濕地的人口；能夠支撐起大帝國和龐大的官僚機構，供養大批知識分子，興建巨大的神廟和公共建築物。如果從人口角度來看的話，你很容易認為這些就是文明的最高體現。但是從規則角度看，它恰好是產生的規則最少、最單調的文明。

馬丘比丘的早晨，秘魯。馬丘比丘是印加帝國時期的遺跡，一九一一年發現，一九八三年被確定為世界文化遺產。

神廟遺址，伊拉克。昔日的聖殿，和今天的阿里空軍基地（Ali Air Base）互為比鄰。

❼ 十一世紀至十六世紀時位於南美洲的古老帝國，重心區域分布在安地斯山脈上，其版圖大約是今日南美洲的秘魯、厄瓜多爾、哥倫比亞、玻利維亞、智利、阿根廷一帶，統治中心位於今天的秘魯庫斯科。

3、草原型文明的特點

以上提到了兩種類型的文明。然後是第三種文明，也就是產生最晚的草原型的文明，有些人把它稱之為遊牧文明，但實際上它的複雜程度遠遠超出了「遊牧活動」本身。認真考察的話，包括成吉思汗的蒙古部落在內，沒有哪一個所謂的遊牧部落是僅僅依靠遊牧來生存的，或者完全依靠牲畜生存的。他們不能獨立存在，某些至關緊要的物質他們沒辦法自行生產，必須通過交易，從周圍的其他文明處取得。所以這種文明一定是次生型的文明，它如果最早就產生出來，只有它自己沒有別人的話，它就生存不下去了。草原型文明的演進過程，跟高地和濕地文明在最初沒有明顯差別。毋寧說，它跟這些文明是有共同淵源的，只是其他文明產生出大量的剩餘物資，形成一種擠壓式分工的局面以後，草原型文明失去了原先的共同活動空間，被迫退到一個更加邊遠的草原地帶，繼而尋求新的技術突破，最後產生出嶄新形態的文明。

這個文明的重要性在哪呢？它實現了軍事技術的突破，促發了軍事貴族階層的形成。在次生型的大多數文明當中，軍事貴族是他們憲法制度的共同核心所在。大多數憲法制度，包括古希臘城邦，和近代歐洲的日爾曼人的憲法結構，追溯其起源，都可以追到軍事貴族這個原點。而次生型的文明，即使原先還有其他模式，它們也被歷史抹掉了，真正能夠維繫下來的都是軍事貴族模式。

蘇美爾城邦和早期埃及那些文明，它給人一個很強烈的印象，就是和平性質非常嚴重，他們似乎是不知戰爭為何物的。祭祀集團並不強調武力，他們強調的

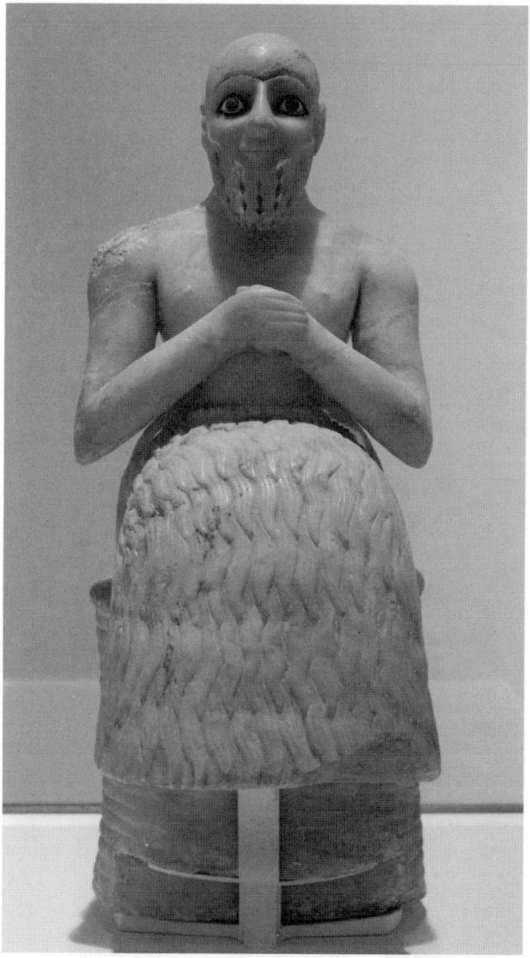

蘇美爾市民雕像，前二十四世紀。該市民面帶微笑，彷彿暗示著城邦生活的富足與和平。

是意識形態和計算能力，在測量土地，分配土地，建立契約和仲裁各種糾紛時，神廟集團好像背後沒有特別強大的武力支持，似乎只憑著傳統的習慣性權威，就足以使城邦內的各個階級服從了。

但是後來的文明，特別是雅利安人入侵以後的文明，完全不是這個樣子。後發文明的軍事色彩是異常突出的，軍事貴族始終處於統治權力的核心。因為他們最初產生於被早期文明擠壓的狀態，這種壓力迫使他們做了很多重要的技術創新，包括軍事、地方貿易和運輸方面，可能有不止一半的創新是來自於這個集團。因為大多數知識分子，是來自於建立濕地的農耕集團，所以經常對這一點估計不足。

草原型文明進入世界造成的後果是什麼？就是極大地加快了資訊傳播的速度，從而也就意味著縮短了孤立系統獨立演化規則的時間，這對後來歷史有著極其深遠的影響。源於草原系統的技術發明波，在人類歷史上出現過多次，而在青銅時代記載得很清楚的就是馬拉戰車這個技術。我們印象中的「第一代文明」，差不多就是由馬拉戰車的武士所塑造的。馬拉戰車導致壁壘攔截技術的升級。像西克索王朝[8]的入侵，對埃及和現在巴勒斯坦南部那些地方的要塞建築技術，發揮了革命性的作用。後來建立起來的要塞有雙層防衛體系，就比以前埃及舊王國時代那種簡簡單單的用石頭和土塊堆牆的技術要先進多了，它們有緩衝系統，就算第一道城牆被攻破了，第二道城牆還能夠繼續堅守。

西克索人，壁畫。某些牲畜（例如馬匹），可能就是由他們帶入埃及的。

❽ 西克索人，源於西亞的一個古代族群。公元前十七世紀，西克索人征服埃及，並建立第十五王朝。

❾ 據目前的研究，最早的馬拉戰車誕生於兩河流域，時間為前二十六世紀左右。商朝的具體建立年分尚有爭議，但可確定在前十六世紀。

❿ 春秋五霸之一秦穆公的三個子車氏寵臣。秦穆公死時，要求這三人一同殉葬。「秦伯任好卒。以子車氏之三子奄息、仲行、鍼虎為殉。皆秦之良也。國人哀之，為之賦《黃鳥》。」（《左傳·（魯）文公六年》）

4、商周替代的內亞因素：戰車

像中國最早的有明確存在證據的王朝，殷商王朝，幾乎可以肯定，他們的戰車技術是從兩河流域一帶直接或間接地輸入的，因為他們戰車的結構和形式，跟兩河流域的戰車太相似了，而且時間又比後者晚了一千多年[9]。商王朝最初對周圍部落的軍事優勢，主要是壟斷了戰車，而這種戰車的壟斷被打破的時候，例如牧野之戰，周人也能夠動員上百輛戰車投入戰鬥，這時候殷商的優勢就不復存在了。

地理位置是件相當重要的事情，在周人崛起之前，有理由說殷商集團是獨占了內亞方向的技術輸入道路的。但是周的地緣非常接近內亞、周人截斷這條道路也非常容易，可以合理猜測，周人利用了它跟內亞草原更加密切的接觸，實現了一場軍事組織的革命。

殷商和周朝的軍事組織非常不一樣，殷人建立的定居點，論人口數量至少是不如西周後期和春秋時期多的，很多據點只有幾百名，頂多上千名居民。但是殷商的戰爭動員相當徹底，經常以上萬名戰士的規模出動兵力。基本上所有男丁都習慣於作戰，甚至商王的墳墓中間，還有女戰士殉葬。戰士跟奴隸不一樣，儘管商王也使用大量奴隸殉葬，但戰士恐怕是自願成分居多，因為強迫他們殉葬是很困難的，他們很可能像後來秦穆公時代的三良[10]一樣，是出於對宗主的忠心而自願殉葬，殉葬時還攜帶他們的武器，他們並不是像奴隸那樣被捆綁著，或者被殺了獻祭以後才殉葬的，而是帶著他們的武器一起，這就很能說明問題。

兩河流域的軍隊，鑲嵌畫，前二十七世紀。從圖中可見，當時的兩河流域已出現馬拉戰車。

而周人的軍事制度是所謂的「天子六師」[11]，這應該是後來整理過的說法，但是即使考慮到整理或歪曲的程度，也可以看出周人的軍事義務不是普及到全民的，而是由一個高度精英化的集團專門負責。周人的平民生活，比殷商要和平得多，從《詩經》和其他方面的記載來看，周人的平民階級人數相當龐大，他們在正常情況下是不大需要打仗的，而是像《詩經·七月》描繪的那樣，他們生產出各種產品，然後用這些產品供養他們領主，或者去給他們的領主服役。打仗是領主的事情，而領主的軍事專業化程度很高；相比之下，儘管殷商差不多是全民皆兵，但是專業化程度很有限，基本上最窮困的人，只有幾個陶器隨葬的人，他們身上都帶著彈弓、投石器之類的東西，高級的戰士或者貴族擁有的武器，上面還有漂亮的紋飾，但是兩者的區分並不很明顯。

能夠參加「天子六師」的貴族，是要經過嚴格訓練的。這些訓練在孔子時代還保留著痕跡，孔子教授的「六藝」，就包括了駕駛馬車和射箭技術，這肯定是非常專業的東西。貴族子弟，即使是像孔子這樣的小貴族，舉行成年禮的時候，他要參加家族的祭祀，祭祀儀式裡面就有射箭儀式。這種儀式你也可以說帶有一種遊戲和禮儀的性質，但是最初的目的和最根本的目的，無疑是讓貴族子弟從小習得必要的軍事技術。按照當時的標準來說，戰車的意義就跟後來二戰時期的坦克車差不多。如果其中一方沒有戰車，那麼有戰車的另外一方基本是贏定了的。能夠駕駛戰車，這一定就代表了當時的高科技。

戰車需要一個像足球隊那樣實現高度互信和配合的作戰小組支撐，相互配合不好的話是很危險的。像春秋時期就有很多記載說，因為國君欺負了馬車伕，得

豐鎬車馬坑遺址，從中可推測周代的軍事體制。

⓫《春秋穀梁傳．襄公十一年》：「古者天子六師。」《周禮．地官司徒第二》：「乃會萬民之卒伍而用之：五人為伍，五伍為兩，四兩為卒，五卒為旅，五旅為師，五師為軍，以起軍旅，以作田役，以比追胥，以令貢賦。」《詩經．大雅．常武》：「赫赫明明，王命卿士，南仲太祖，太師皇父：『整我六師，以修我戎。』」周人武力最強盛時，除了「周六師」（駐地在鎬京一帶）之外，尚有「殷八師」（駐地在洛陽一帶）。

罪了他，結果馬車伕在作戰的時候故意不好好駕駛，甚至故意把國君的戰車駕駛到敵人的陣地中去，結果導致自己一方的軍隊失敗、國君本人被俘的情況。你就可以看出這些馬車伕的地位是非常重要的，一定是貴族子弟或者其他的重要人物才能夠擔任，絕對不是像後來，純粹是無產階級為了掙錢糊口而幹的活。

在孔子和莊子的紀錄中間，當時有些駕車手名氣是非常大的，和他們交涉的也都是上流人物，這也說明一些問題。周取代商這件事，可以把它解釋為，一個地理位置比較接近內亞草原的部族，通過接觸內亞的先進軍事技術實現了軍事革命，繼而又通過軍事革命實現了政治制度和憲法制度的革命。這些制度上的革命，直接影響到孔子所崇拜的周禮和以後儒家的形成。

為什麼這個先進技術來自內亞？到底還是因為內亞草原是競爭最激烈的地方，是軍事技術演化最快的地方。西亞和東亞不是平行結構，從地理的封閉度來說，西亞是核心，印度是邊沿，而東亞就是邊沿的邊沿。從敘利亞到印度是很容易的，波斯或者後來的亞歷山大帝國，他們進入北印度是不太費力的，但是反過來唐玄奘或者法顯這些人從東亞進入印度，那就是非常難的事情，無論是走南洋的海路，還是走內亞的陸路。東亞大陸是更封閉的地方。你如果把殷周這些事情，對照一下西亞，馬上就會發現，西亞類似的入侵比東亞要頻繁得多。跟它們相比，殷周一直到秦之間的變革都不算是刺激性很大的。而西亞這個地方，從加喜特人⓬的入侵到雅利安人的入侵，基本上幾十年就一波，草原勢力和定居勢力之間的衝突異常激烈，而軍事革命不斷展開，西亞的戰車技術也比東亞產生得更早。

加喜特人，石刻，於蘇薩出土。蘇薩是兩河流域附近的重要城市，著名的《漢謨拉比法典》也在此處發現。

⓬ 公元前十六世紀初，加喜特人（Kassites）占據古巴比倫王國，建立加喜特王朝。加喜特人全面接受當地固有的宗教和阿卡德語文（地位與蘇美爾語並列），馬拉戰車也得以在兩河流域推廣。

秦始皇引以為榮的軍事編組，在亞述人[13]和新巴比倫人看來根本是司空見慣。有很多證據表明，秦、趙兩個軍國主義強國，之所以能夠發動軍事革命，都跟內亞傳來的技術有關係。可以說是內亞因為殺戮比較殘忍，競爭比較激烈，它的軍事專業化和軍事革命速度也就比東亞更快，後者是個比較邊緣的地區，主要是輸入而不是輸出技術。

5、秦趙軍國主義和內亞的技術輸入

周穆王會西王母的傳說並不是在西周時期出現，而是在戰國時期由趙國人製造的，而具體時間段跟趙武靈王胡服騎射很接近。趙人特別強調昆山之玉的運輸線，這跟他們對雲中[14]和代郡[15]的經營很有關係，因為趙人要控制內亞方向的道路，在地理位置上不如秦人方便，但是他們有辦法掌握雲中·朔方[16]一線，也就是通過河套，越過內蒙古草原向西走的那條路線。照趙人記載，昆山之玉是從這條路線來的，沿河套一線，途經趙國，然後再通向洛陽。另外，趙武靈王本人也曾經打算從雲中南下襲擊秦國。趙國的軍事革命，使它由一個比較弱小的國家，變成戰國後期唯一能夠抵抗秦人的力量，這肯定跟胡服騎射有關係，因為文人沒有能力把來龍去脈講得很詳細，所以他們就勉勉強強講了一個胡服騎射的故事，而忽略了這場軍事革命背後存在的很多細節。

到了春秋時期，兵車技術消失以後，趙人和秦人在長平之戰期間動員的軍

胡服騎射像，現代雕塑。這騎士可能也是趙武靈王本人，他曾喬裝潛入秦國偵察，企圖從雲中方向襲擊秦軍。

⓭ 亞述人是主要生活在西亞兩河流域北部的一個民族集團，屬於阿卡德人的分支。地跨亞非的亞述帝國盛極一時，後被新巴比倫王國攻滅。

⓮ 雲中郡，治所位於今天的內蒙古自治區托克托縣東北。

⓯ 代郡，治所位於今天的河北省蔚縣。

⓰ 朔方郡，治所在今天的內蒙古自治區鄂爾多斯杭錦旗北。

隊，無疑是一種新式軍隊，這軍隊的原型大致也是來自內亞。昆山之玉輸入的肯定不僅是玉石本身，因為玉石是先秦祭祀儀式和士大夫階級當中代表品級和尊嚴的特殊裝飾品，所以他們在文字記載中特別強調，但是最重要的輸入品，我想還是組織形態和軍事編制。

戰國後期的行政革命，基本上是軍國主義革命的附屬產物。所謂郡縣制，它的軍事色彩非常明顯，它最先不是作為行政機構而設計出來的，所謂「郡者，君也」，「郡」帶著個君字旁，因此郡縣制首先是作為一種臨時的軍事部署，在邊境和殖民地產生的。這種制度在邊境和殖民地成型以後，在戰爭壓力進一步加大、有必要全民動員的時候，再把郡縣制普及到內地，甚至是包括首都在內的核心地帶。這種軍事編伍體制，在西亞就對應於由加喜特人和亞述人推動的軍事革命，這些軍事革命的細節在《聖經》關於以色列王朝滅絕的記載中，表現得很清楚。

新巴比倫人和米底人[17]結盟並消滅亞述人以後，他們在進攻巴勒斯坦的過程中，表現出了很多軍事技術，這些技術後來也出現在白起進攻楚國和趙國的戰爭當中。你可以看到，巴比倫人已經搞出了很多專業化的軍事技術，例如騎兵，拿著油瓶的放火隊員，配備破城錘的攻城隊員等等，是高度技術化的軍事組織。現在有些人考證說，墨家之所以在戰國時期產生，就是因為軍事技術和各種專業技術的發展，而墨家是特別擅長於守城的。他們最初的來源很可能就是工匠行會，各種工匠行會掌握一兩種專業技術，為各個諸侯國效命，因為他們跟戰爭的關係特別密切，反而催生出了強烈的和平主義意識形態。還有人推測說，墨家入秦對

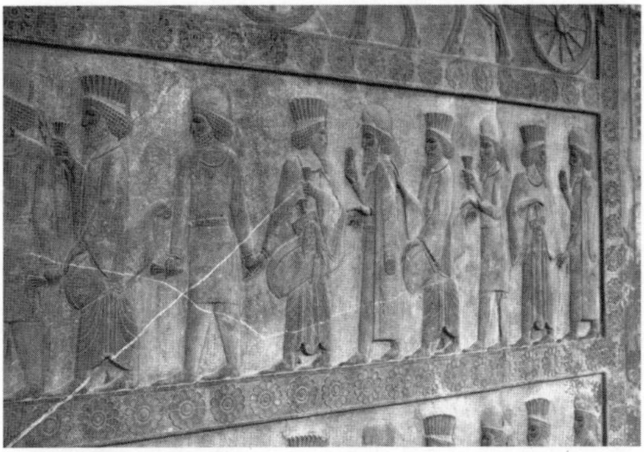

米底人和波斯人在波斯波利斯，石刻。阿契美尼德王朝征服原來的宗主國米底之後，米底人也成為波斯的一份子。

亞述軍隊攻城圖，石刻，前九世紀。他們正使用攻城錘和攻城塔等攻擊城牆，同時士兵們也站在塔頂往城內射箭。

⓱ 米底王國是一個以古波斯地區為中心的王國，亞述帝國的入侵與征服，促使米底各部落走向聯合從而形成米底國家。後為阿契美尼德王朝所滅。

秦的軍國主義有很大的刺激作用。但無論是不是由墨家直接促成的，至少秦、趙這兩個軍國主義國家，他們在軍事革命當中引用了內亞技術，這是毋庸置疑的。這與他們地理位置有異常密切的關係。

6、換個角度看統一和分裂

秦亡漢興以後，終漢朝之世，中原王朝的軍事技術基本上可以說即使不是處在退化的狀態，也是處於停滯的狀態。這在很大程度上預示了以後的發展：廣土眾民的大帝國比較容易選擇用金帛賄賂遊牧民族的方式維持內部的穩定，而不像趙國這樣的小國，在強烈的競爭壓力之下，需要盡快跟上周邊的軍事演化節奏。

這樣做有利有弊，好處是使帝國內部的壓力減輕了，通過把東亞地區搞成一個比較封閉的實體，可以在一定程度上做到帝國內部的不設防。但是這種封閉是有代價的，在王朝開始的時候，你跟中亞方面的技術落差還不是很大，而到了王朝末年，這個落差就變得很大了。封閉的結果就是，帝國內部的競爭壓力比較低，同時發展速度也大大減慢；邊區那些哪怕是人口很少的部族，由於它的競爭壓力都很大，技術演化的速度就很快。技術落差漸漸擴大，最後落差大到一定程度的時候，帝國邊境會全線崩潰，然後帝國領土會瓦解成一系列小國。你也可以說，以後兩千年的東亞歷史，這個戲碼是不斷重演的。

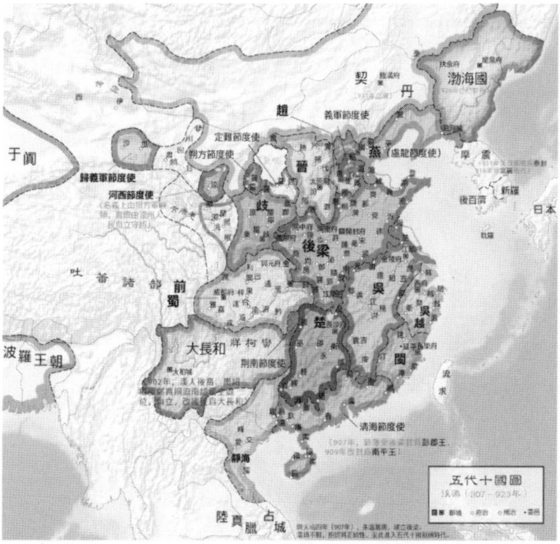

後梁開國之初的五代十國局勢圖。此時各國均臣服後梁，只有晉、岐、前蜀與吳敵視後梁、依舊奉唐室年號。在劉仲敬看來，在五代十國這樣的多國體系中，充滿競爭，技術演化速度非常快。而廣土眾民的統一大帝國，則陷入技術停頓。

按照比較傳統的觀念，你會把王朝看作是正統的化身，而王朝崩潰只是不值一提的小插曲。但是從技術角度來看，恰好相反，王朝崩潰所代表的是先進技術在短時間內湧入技術低窪區，可以說得刺激一點，這就是一場發生在內陸方向的「鴉片戰爭」：一個因為自我封閉，技術逐步停滯的廣土眾民的帝國，被那些人口很少，但是技術相當先進的少數族群突破了邊境，在這個邊境洞開和帝國解體的過程中，帝國原有領土的技術，發生了重大革命。但是革命的結果，通往下一輪統一的時候，這樣的故事又要重演。

五胡十六國的入侵肯定是扮演了類似的角色，而從西魏北周到隋唐帝國的過程，則可以看成是新一波的入侵和革新，殘唐五代到遼金元清，又可以看成是更嶄新的邊區武士系統的輸入，以上的每一次輸入，都伴隨著軍事制度和政治制度的相應變遷。

7、內亞海洋的形成和回鶻的經紀人角色

在東亞制度的變遷過程中，內亞草原地帶本身也不是一成不變的。可以說在

雅利安人入侵的時候，草原的流動性還沒有後來的成吉思汗時代那麼強，但是在雅利安征服以後的幾百年中間，草原的流動性不斷加強了，這跟馬匹馴化技術和馬鐙技術的改善很有關係；同時也因為由草原各部落組成的一整條部族鏈和西域、中亞的城邦鏈之間，形成了某種生態性的分工體制，導致戰爭體系和貿易體系有了一定的契合。許多個小邦和各個部族之間形成了某種分工合作和彼此配合

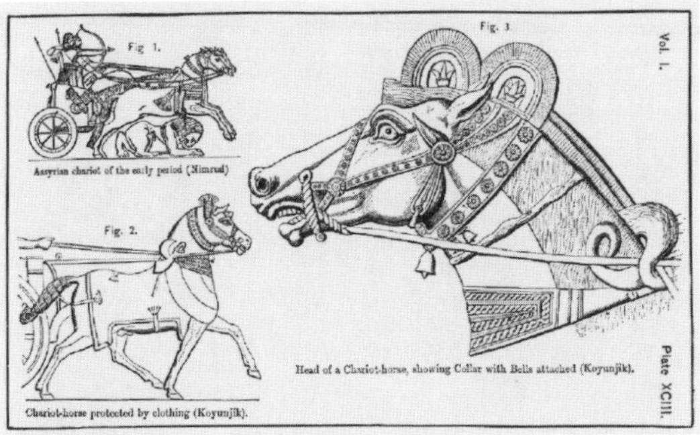

馬的馴化技術。

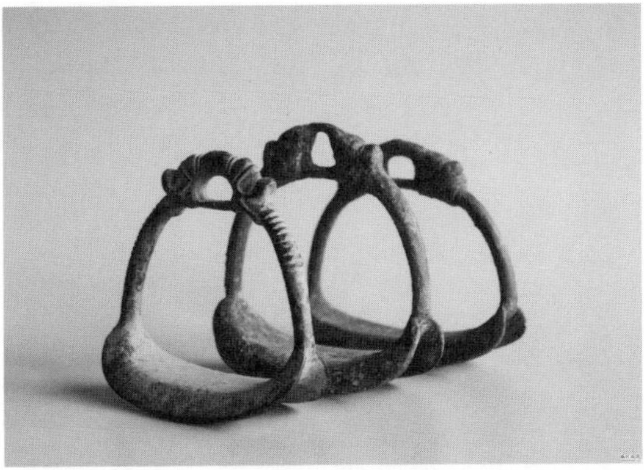
馬鐙和與之配套的高橋馬鞍都是從內亞借助於草原通道傳到東亞，而在它發明之前，基本沒有騎兵，主流的作戰方式是馬拉戰車而不直接騎馬作戰。

的體系，才能夠最大限度地加快物流的速度。

可以說到了蒙古帝國建立前夜，內亞的這個陸海，其流動速度已經是超過了東西兩個方向的各個帝國內部的交流速度，包括服裝、文化、歌謠這些東西，傳播速度都是非常快的。原因也很簡單，通過這條線，人口少，而且障礙少，你如果從大同或者北京出發，一路向西走到烏克蘭邊境利維夫[18]，基本上順風順水。一支比較精幹的馬隊，短則三、四十天，最長也就用三個月，基本上可以走完歐亞大陸中間最核心地帶的這條路徑。

但在沒有大運河的時代，哪怕只是從長安走到成都，這條路徑都是非常困難。而且依靠人力來搬運東西，或者通過牲畜來搬運東西的話，成本是很高的。魏徵勸阻唐太宗不要殖民高昌的理由，就是說如果你從長安運糧到高昌，也就是吐魯番這一帶的話，大概真正能夠運到那裡的每一份糧食，在運輸途中就要消耗一百份的糧食。而且高昌相比之下其實並不是很遠的地方。因為唐代郡縣是一直延續到敦煌的，如果要從長安運糧食到更遠的地方，例如安西四鎮[19]，消耗肯定更大。

但如果回鶻人通過北方草原上搞絹帛貿易的話，比如他們的馬隊把唐人的布匹從長安沿著北方草原一線一直運到外伊朗的河間地區的話，花費的時間反倒是比從長安到吐魯番這條線花費的時間要少，而且耗損率非常之低。就是說唐人委託他運輸過去的幾千匹布，絕大部分，至少是七、八成以上都能夠出現在撒馬爾罕、木鹿，或者是伊斯法罕這些地方的市場上去。回鶻人只扮演一個中間人的角色，他們自己的消耗並不多，而草原生活環境也不大需要這些布匹，需要這些布

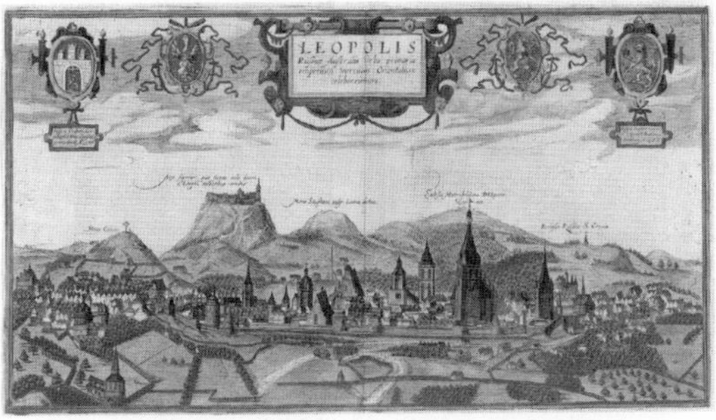

利維夫鳥瞰圖，版畫，繪於一六一八年。其時大航海時代已經開幕，然而利維夫作為陸港，尚能維持著舊有繁榮。

回鶻王子著唐裝圖，壁畫，繪於十世紀左右。中土衣冠其實就是內亞衣冠的改編，故此王子們穿起它來並不困難。

⓲ 利維夫（Lviv）位於今烏克蘭西部邊境，是黑海沿岸和波羅的海沿岸之間的交通樞紐。一二五六年由波蘭王國的哈雷斯基公爵建城，一三五六年獲賜馬格德堡權利（Magdeburger Recht）。

⓳ 據《舊唐書》記載，安西四鎮於六四八（唐太宗貞觀二十二）年設立。初期為龜茲、于闐、疏勒、碎葉（今吉爾吉斯坦的阿克．貝希姆遺址）四鎮，後因十姓（西突厥）可汗要求在碎葉城居住，四鎮改為龜茲、于闐、疏勒、焉耆。唐朝關於安西四鎮的政策常有變動，四鎮時復時廢，也被吐蕃多次攻占。

匹的是西亞那些定居的人民。

回鶻人的財富主要就是依靠它充當經紀人而獲得，特別在吐蕃占領西域以後，唐朝就更需要回鶻經紀人經由草原帶上運輸物資。而與此同時，晚期唐朝政權的維持，主要依靠朔方軍節度使這個基地招募到中亞武士，再一批批地輸入中原，建立像忠武軍節度使[20]這樣的前沿基地，用來阻止河朔三鎮入侵唐王朝的生命線，也就是從宣武到淮南這條運河運輸線。可以說晚期的長安朝廷所發揮的作用，就是把南方的金帛和朔方的蠻族武士結合起來，用南方的金帛交換北方的武士。一旦這條武士輸送線被切斷，唐朝就會迅速垮台。

8、內亞武士輸送線的中斷和唐朝的滅亡

這種事情最終出現了，主要發生在沙陀人[21]占據河東以後。如果仔細考察唐朝的歷史，你會發現唐朝中葉以後是依靠朔方鎮這個母體，不斷地派出分支兵團到各個地區，從而維持唐室運轉。但是李懷光[22]叛亂失敗身死以後，朔方這個核

心遭到致命打擊，等李克用[23]的集團占領河中[24]以後，通向河套地區的武士運輸線完全中斷了。

在最後幾朝，唐王朝變成一個很奇怪的政權，它依靠韓建[25]或者是李茂貞[26]這樣的地方性土鰲小軍閥來維持，這些小軍閥招募的士兵基本上是街市上的流氓無產者，戰鬥力非常之差。它已經不可能像李克用時代以前那樣，擁有郭子儀、李

⑳ 唐代藩鎮，治所在今天的河南省許昌市。

㉑ 沙陀原是西突厥的一個部族，遊牧於準噶爾盆地東南一帶。安史之亂後，回鶻人占據西域，沙陀被迫依附吐蕃。吐蕃人害怕沙陀與回鶻勾結，兩次要求沙陀遷移，八〇九年沙陀因不願西遷，首領朱邪盡忠又率全體部眾投靠唐朝。

㉒ 李懷光（七二九年～七八五年），朔方節度使，本姓茹，因戰功賜姓李氏。七八三年，涇原兵變爆發，唐德宗李适（适讀音「擴」）向李懷光求援，但不肯召見他，又賞賜他免死鐵券，李懷光自覺受懷疑，憤而謀反。李懷光兵敗自殺後，因其無後，德宗又將懷光外孫燕八八賜名李承緒，立為懷光後嗣。

㉓ 朱邪盡忠之孫朱邪赤心因鎮壓龐勳之變（八六八年，其後唐朝的財政基礎崩壞，間接促成了黃巢之變與唐朝滅亡）有功，被賜名李國昌。李克用是李國昌之子，也是後唐莊宗李存勗的父親。

㉔ 此處的「河」乃指黃河，即今山西省西南部的黃河東側一帶，並非本書之前章節所提及的河中地區。

㉕ 韓建（八五五年～九一二年），華商節度使，以勤政愛民而著稱。曾與李茂貞共同把持唐廷朝政，後雙方反目。朱溫攻陷華州（今陝西渭南市）後，韓建向朱溫投降，並在後梁政權中任職。

㉖ 李茂貞（八五六年～九二四年），鳳翔節度使，原名宋文通，因鎮壓黃巢起義有功而獲賜名。唐朝滅亡後，李茂貞未歸順於朱溫，並準備與李克用等人聯合，發兵攻打後梁，但不了了之。李存勗建立後唐時，李茂貞向他稱臣，後病死。

光弼[27]這種人，把安西或燕京一帶的軍團，把杜甫在〈哀王孫〉中曾經歌頌過的同羅部落[28]這樣的朔方健兒，邀請到長安來的話，這些力量不僅可以阻止地方性叛亂，也能夠抵擋住像安祿山、史思明這樣強大的蠻族軍團。

唐王朝最終的滅亡，就是因為作為它生命線的兩條線路最終都被切斷了。南方這條線路，是由宣武節度使[29]朱全忠[30]控制的，同時淮南節度使[31]高駢[32]不再忠於朝廷造成的。南方運輸線起點是淮南節度使控制的揚州，終點是宣武，也就是汴梁，汴梁到揚州這條線是財政生命線，大多數人都是比較清楚的。但是另外一條同樣重要的路線，就是從長安到雲中、再到河套的這條武士輸入線。高駢切斷了南方這條線，而李克用切斷了北方這條線。於是唐王朝就淪落到只能夠招募長安、洛陽附近小流氓打仗的狼狽處境。

9、義子體制

但是唐朝的滅亡，並不是中亞武士體系的結束。實際上，後來的遼金元清最初的起源，也都是一個特殊的邊區社會，它們的組織形式跟殘唐的藩鎮非常相似，由小型的部落武士組成，而這些部落武士不必然依靠部落內部的人員，而往往是依靠收養義子的方式，建立一個類似於埃及馬木留克[33]的軍事專業集團。這個專業集團比較突出的體現，就是被朱全忠殺光的所謂魏府牙兵三千人[34]，只要魏府的牙兵不被消滅的話，那麼魏府的節度使是不可能被消滅的，後來穆罕默

[27] 兩人是同時代的唐朝名將。郭子儀（六九八年～七八一年），他任朔方節度使時，正值安史之亂爆發，奉命與李光弼共同率軍鎮壓，立有戰功。郭子儀是歷史上唯一以武狀元身分任職宰相者，子孫有五人是唐朝駙馬，孫女是懿安皇太后。李光弼（七〇八年～七六四年），契丹人，七五八年接替郭子儀為朔方節度使。

[28] 同羅是鐵勒的其中一部，意思為「豹」（突厥語）。同羅因受突厥壓迫，部眾逐漸離散，有部分遷居到唐朝境內。安史之亂時，同羅部也參與了叛亂。杜甫〈哀王孫〉中有「朔方健兒好身手，昔何勇鋭今何愚」一句，陳寅恪認為句中的「健兒」即指同羅（詳見《金明館叢稿二編》）。

[29] 唐朝藩鎮，治所在汴州（今河南省開封市）。

[30] 朱溫（八五二年～九一二年），後梁太祖，曾為黃巢部將，後投降唐朝，賜名朱全忠。朱溫殺唐昭宗後，立唐哀帝為帝，並發動白馬之變，再殺自宰相以下三十餘名朝臣。其後廢哀帝自立，並改名朱晃。晚年被三子朱友珪殺死。

[31] 唐朝藩鎮，治所在揚州。

[32] 高駢（八二一年～八八七年），唐朝後期名將，祖先世代為禁軍將領，曾擊敗南詔軍。黃巢之亂時，他保存實力，沒有聽從朝廷的勤王指示，割據一方。後因部下謀反而被殺。

[33] 馬木留克（Mamluk）原本指埃及阿尤布王朝的奴隸兵，後來隨著阿尤布王朝的解體，馬木留克逐漸成為強大的軍事統治集團，並建立了自己的王朝，統治埃及達三個世紀之久。

[34] 即魏博節度使（治所在今河北省邯鄲市）。魏博鎮與成德節度使、幽州節度使合稱「河北三鎮」，是唐朝中後期最強大的地方藩鎮，長期維持半獨立狀態。

德．阿里對埃及的馬木留克集團也是採用同樣的手段，通過斬盡殺絕來消滅他們，如果做不到這一點的話，那麼這種體制無法結束。

一直到明末，像毛文龍[35]在皮島這個地方，仍然是用類似的方式來維持的。後來袁崇煥殺毛文龍的時候，罪狀之一就是，他讓手下的將領都要改姓毛，當毛大帥的義子。

袁崇煥的這種看法和宋代儒家文人歐陽修是一致的。歐陽修修五代史的時候，專門修一個《義兒傳》，批評說：「嗚呼！世道衰，人倫壞，而親疏之理反其常，干戈起於骨肉，異類合為父子。」就是要攻擊那些藩鎮。但是始終攻擊不掉，原因很簡單，這個義子體制，它是有來源的，它在草原部落中是一個軍事訓練體制。

舉個不大恰當的比喻，一個學徒到木匠師傅或者其他手工業師傅那去，通過當學徒，學習他的技術，最後變成師傅。草原上的軍事技術也是這樣的，當義子並不是儒家文人所想像的是件可恥的事情，恰恰相反，甚至是一件光榮的事情。如果你不是技術出眾或者在決鬥和其他活動中，贏得了勇敢聲名的武士，原先的部落酋長是不會收養你的。只有你值得栽培才會被收被收養，從而讓你加入軍事兄弟會，而這個軍事兄弟會就是未來統治者的核心。

這種在中亞草原上產生的軍事體制，在西亞的伊斯蘭文明和東亞的華夏文明中間，都發揮著異常核心的作用。

上圖左：毛文龍碑亭。
上圖右：袁崇煥畫像。
下圖：荷蘭旅行家約翰·尼霍夫所繪的尚可喜畫像。

袁崇煥矯詔殺死毛文龍的理由之一，是毛文龍讓很多旗下大將改姓為毛，成為義子。出自儒家文化觀點的袁崇煥無法理解這種來自內亞的軍事兄弟會體制，故彼此衝突。後來被封為平南王的尚可喜即毛文龍的著名義子之一。

㉟ 毛文龍（一五七六年～一六二九年），明朝抗擊後金（清朝的前身）名將，遼東失陷後，毛文龍率一百多人深入後方，開闢了軍事基地東江鎮，與後金展開拉鋸戰，戰功卓著。後被袁崇煥矯詔殺害。

10、遼金元清的雙元帝國

可以說，唐代滅亡以後，東亞王朝的統治中心從西北移向了東北，而宋以後歷代王朝的統治體系是從哪來的？恰好是被歐陽修這種儒家文人所瞧不起的那些安祿山、史思明等藩鎮負責人的後代，是這些藩鎮鑄造了後來遼、金、元、清的憲法體制，而不是像歐陽修、王安石這樣的儒家文人。而遼、金、元、清所代表的憲法體制，意味著東亞歷史進入一個最新的發展階段，它的意義可能跟周人入侵殷商以後，開闢了周人的封建貴族制度是差不多一樣重要的。

簡單的說，遼金元清建立一種雙元的帝國體制。但這只是比較簡化的說法，實際上這個雙元帝國的核心是內亞體系，它的戰鬥力來源、它的憲法結構來源都是來自於內亞的部族武士集團。它對它的占領地，比如燕雲十六州（遼）、整個中原（金）和整個東亞（元、清），對這些定居地帶實行郡縣化的統治。按照當地的習慣法，用儒家士大夫的政治體制來統治它。這個體系類似於後來的英國統治印度的大英帝國體系。

然而中原王朝方面的歷史記載，基本把這兩半割裂開來，而且把東亞的一半看得非常重要，實際上從政權本身來說，內亞那一半毫無疑問是重要得多。滿清帝國的統治重心是什麼？不是禮部，而是理藩院，理藩院要重要得多。準噶爾戰爭[36]是清朝最核心的、關係到命運存亡的戰爭；它跟朝鮮，跟俄羅斯，跟內亞各部族之間的交涉，是清代皇帝用滿語跟他自己的核心大臣進行的，漢大臣無法介入。而尼布楚條約[37]，是只有滿文而沒有漢文的。從滿洲皇帝的角度來看，南方

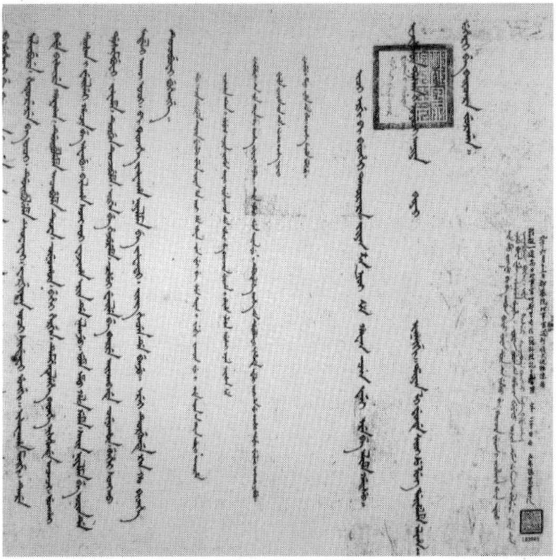

內閣大庫中所收藏的大量滿文檔案，顯示了滿洲人的雙元帝國性質。新清史學派即依據此而展開研究。之前的遼金元因為缺乏相應的鮮卑、女真和蒙古文文獻，而漢文文獻中又有許多虛飾之詞及視角差異，故其雙元帝國性質的研究相對缺乏母語文獻的支持。

[36] 一六八八（康熙二十七）年，因準噶爾首領噶爾丹攻打喀爾喀蒙古，並前進至內蒙古，清軍對準噶爾開戰，戰事歷時七十年，經康熙、雍正、乾隆三代，最終於一七五五（乾隆二十）年清軍攻陷伊犁，準噶爾汗國滅亡。其後該戰被乾隆帝列為其「十全武功」之一。

[37] 一六八九年，為解決清朝與俄羅斯帝國的邊境爭議，雙方訂立尼布楚條約。條約以拉丁文、滿文和俄文為正式文本，當中又以拉丁文為條文基準。

的十八省其實就是英印帝國的印度，屬於被統治、被征服的土地，是把他們的錢拿出來供養這些部族武士的降虜。他容忍、沿用南方的行政制度即郡縣制繼續存在，僅僅因為這是最省事的方法。這是多元帝國利用習慣法來降低統治成本的慣例。從憲法的角度來講，郡縣制這種統治結構是異常單調的，可以說是按照一個機械化程序自動展開就可以了，基本上影響不了政局的核心。

而政局的核心，涉及到最關鍵的問題，也就是繼承權和法統的問題，則是依靠部落傳統產生出來的。像蒙古帝國，即使在忽必烈以後的元朝，一定程度上背離了蒙古傳統以後，它仍然可以出現皇族的兩支達成協議、輪流執政的情況，今天這一支的後代執政，下一屆皇帝又恢復到另一支的後代[38]，這種做法在日本天皇和歐洲的封建君主中其實是非常常見的。然而這在中原王朝是不可能的。比如宋朝，在宋太宗趙光義的後人執政以後，就無論如何也不能再冒皇位動搖的危險，把皇位還給哥哥宋太祖趙匡胤的子孫去，一直到靖康之難，宋太宗的子孫完全被女真人捕至黑龍江，再也找不到繼承人時，才通過收養的方式還給太祖這一支的後代[39]。

為什麼在中原王朝很難行得通而在蒙古卻可以？因為蒙古的各個宗王，就像歐洲的封建領主一樣，各自都代表了獨立的部族勢力或者政治勢力，不是說我這一支暫時當不上大汗或者皇帝我就銷聲匿跡，任人宰割。我即使不當皇帝，仍然是領主，在下面仍然有相當的政治勢力，你大汗或皇帝如果不履行對我領主原本的合約，會在部族各個領主的平衡中引起不利效果。但中原的皇帝不一樣，如果親王當不上皇帝，那就只能領取津貼。也許你領取的津貼比別人要多得多，但你

清俄界碑示意圖。左邊的東正教式十字架石碑為俄國界碑，右邊刻著滿文的方尖石碑則是清朝界碑。

㊳ 一三〇七（大德十一）年，元成宗鐵穆耳病逝，因他無嗣，皇位懸空；其後海山聯合弟弟愛育黎拔力八達發動政變，取得帝位，是為元武宗。武宗為酬謝其弟功勞，相約兄終弟及，傳位於他（是為元仁宗），而後皇位再復傳其子和世 。唯仁宗在位後，並未遵守諾言，改立其子為太子，導致二十年的政局混亂期。

㊴ 靖康之變後，康王趙構在南京（宋朝的南京在今河南省商丘市）自立為帝，是為宋高宗趙構，後來趙構逃至臨安，建立南宋政權。高宗唯一的兒子元懿太子兩歲夭折，他收養宋太祖七世孫趙伯琮為子（即宋孝宗）。

卻是個軟弱無力的、毫無政治價值的親王而已，皇帝隨便殺你也沒有反抗能力的。但是大汗是不能夠隨隨便便殺掉別的部落酋長的。即使他的汗位是篡權而來，其他領主和酋長的權威仍然會代代相傳，仍然能夠對他實行有效的制衡，仍然有資格競爭汗位。

如果從中原士大夫的角度來看，會說那是部落簡陋之習，遠遠不如我們的皇帝制度，皇帝掌握一切權力的方法整整齊齊、沒有枝蔓。但是實際上你要是對照歐洲的封建歷史就會明白，憲政就是起源於這樣的結構。無論在哪個地方，最初的憲法都跟普通民眾沒有任何關係，它都是大貴族和王室之間的角鬥，就是因為大貴族和王室之間長期相持不下，他們之間才會慢慢達成像大憲章那樣的分權協定，逐漸形成了對彼此有效的規範，最後，這個規範漸漸擴充到沒有貴族血統的人身上。

這種早期的貴族相互制衡的情況，在內亞各部落中是常見和正常的，但是在中原王朝中卻已經消失了。如果從規則和組織資源的角度來說，內亞體系才是真正的秩序之源。而中原王朝是一個秩序已經被消耗完的灰燼。它在西周的孔子時代，曾經跟蒙古部落或者內亞部落一樣，有自己的貴族制衡體系，所以孔子才會如此懷念周禮，在孔子看來，周天子是文明而仁慈的，不是暴君。為什麼不是暴君呢，因為周天子和貴族諸侯之間存在著分權和制衡的關係。然而這種分權和制衡的關係，在秦始皇實行秦政、推廣郡縣制以後趨於消失，在宋代以後基本上就不存在了。

而在草原的各部落中，它們仍然像征服商代以前的周朝一樣，存在著這樣的

滿洲前期四大貝勒的共治概念和中國王朝皇帝一統的政治概念是不同的。後者是皇帝掌握一切，整整齊齊，沒有枝蔓，而前者則是貴族之間彼此制衡，分享權力。憲政正是起源於這樣的封建結構。劉仲敬認為，從規則和組織資源的角度來說，內亞體系才是真正的秩序之源，而中國的大一統王朝則是秩序已經被消耗完的灰燼。

分權和制衡體系，各部落有其獨立性，各部落貴族不斷進行軍事創新，並透過他們對內亞海洋這一通衢的掌握，而掌握到內亞的先進技術。在蒙古征服中亞的過程中，基於實用主義態度，蒙古人很少屠殺工匠，因為工匠就是他們的技術來源，因此是他們的寶貴財富。蒙古人有三個部門只用回回人或者色目人[40]，而不大用宋代的工匠。第一個是財政專家，第二個是火炮和軍事技術專家，第三個是修築城牆和碉堡體系的專家。這三個系列的人，都是中亞的色目人和穆斯林。而蒙古在攻陷汴京時期得到的漢地工匠，有很多都是以製造各種精巧的奢侈品或消費品見長，這些東西對於蒙古人來說不是很重要。

11、楊家將，最後的內亞武士

為什麼蒙古人覺得汴京的工匠沒有競爭力？因為宋代在它成功建立的幾百年時間內，它通向內亞的道路被切斷了，而使自己陷入技術落伍的境地。這件事情，沒有翔實的史料記載，而只能從若干條草蛇灰線中找出原因來。安史之亂以後，唐朝的文人士大夫一直有一個共識，事情之所以搞糟，就是因為前幾任皇帝，特別是唐玄宗，不應該引用異國文化，不應該用蠻族將領。白居易在〈胡旋女〉這首詩裡說：「祿山胡旋迷君眼，兵過黃河疑未反。貴妃胡旋惑君心，死棄馬嵬念更深。從茲地軸天維轉，五十年來制不禁。胡旋女，莫空舞，數唱此歌悟明主。」他把龜茲的音樂舞蹈和安祿山的反叛聯繫起來，認為這都是胡人的東

上圖：楊門女將故事罐。
下圖：民間廟宇中的穆桂英斬子塑像。

「楊家將」是以北宋和契丹遼國、西夏之間的軍事征伐為背景的系列故事及戲曲劇作，故事發生地是在內亞和東亞交接的山西北部，而楊家本是北漢系統遺留下來的藩將，經過宋明儒家體系的改造，已經去掉內亞色彩，變成儒家思想中精忠報國的中國式傳奇。

㊵ 色目人，意為「各色名目之人」，元朝時期的人對中亞、西亞、歐洲各民族的統稱。近代有部分意見認為元朝存在著以蒙古人、色目人、漢人（金朝治下的人民）、南人（南宋治下的人民）的四等人制，唯於史料無據，因此有相當學者表示質疑。

西。皇帝如果不那麼熱愛胡人文化的話，就沒有楊貴妃的胡旋舞，也不會有安祿山之亂。所以今後我們要糾正這個錯誤。

宋朝果然要糾正這一個錯誤，宋朝的立國精神，就是要糾正唐朝重用藩將的錯誤，它要把這些藩將排除出去，而被排除的藩將當中就包括民間傳說中的楊家將，因為楊家將恰好是北漢系統留下來的藩將。宋朝要糾正殘唐五代的錯誤，也就把傳說中的楊家將變成犧牲品。

一般談到宋朝時都會說宋代重文輕武，這是什麼意思？我們不能僅僅從職業分工的角度看問題，因為在殘唐五代，文武之別就是種族之別，這點其實陳寅恪已經說得很清楚了。在南北朝時代，武將多半是鮮卑人或者是胡化的漢人，而文臣多半是漢人，或者是儒化的鮮卑人（或其他族群）。雙方都有對方替代不了的作用。所謂殘唐五代的藩鎮之亂，就是內亞雇傭兵的叛亂。而士大夫階級要重文輕武，就是要壓住這些異族勢力，最終把他們排出去。宋人為什麼積弱呢？就是因為它排除了內亞的蠻族軍事集團以後，宋代的軍隊不再像是郭子儀時代，招徠契丹人李光弼，龜茲王族後裔白孝德[41]之類的胡人武士打仗，只有這些胡人武士才能打得贏安祿山和史思明所代表的另一批胡人武士。

宋朝在消滅了楊家將這批內亞武士的傳承後裔以後，完全採取了招市人為兵的做法[42]。市人是什麼，就是沒事幹的流氓無產者，能找到事情做的話，他可能就不願意去送死，連找工作都找不到，只有去當兵吃皇糧了。宋代開啟了晚期帝國當兵吃皇糧的傳統，也造成了這個軍隊一點戰鬥力也沒有。當然宋代沒有戰鬥力的原因有很多，包括很多人提到的沒有內亞的戰馬。但是內亞的戰馬是內亞軍

杯酒釋兵權的趙匡胤。

宋代的地方軍兵制體系中，最著名的代表是岳飛。

41 白孝德（七一四年～七七九年），李光弼部將，屢立戰功，官至北庭節度使。

42 唐用府兵農合一，但宋則採用募兵。軍隊分禁軍、廂軍、鄉兵、蕃兵四類。禁軍是宋代最精銳部隊，亦即天子的衛隊。主要職務是防衛首都。宋室推行強幹弱枝政策，廂軍是諸州的地方軍，任務是在諸州擔任畜牧、修繕及防衛地方之役，極少用於作戰，待遇微薄，故多兼營他業。而鄉兵即民兵，並非國家的正規軍，兵士來源一部分出自招募，一部分自民戶徵調。岳飛即屬於地方軍隊出身。

事體系的組成部分，不是孤立的，而是和內亞的武士團體，內亞不斷的軍事技術輸出之間有不可分割的聯繫。技術輸出不是靜止的，它是不斷演變和改革當中的。如果你處在連綿不斷的部落戰爭中，這個技術演變對你來說就是個自然而然的過程。但如果你切斷內亞通道，把這些東西都排斥在外，全靠招募流氓無產者去當兵的話，你當然就沒有戰鬥力。

所以我們說，靖康之恥和宋代的滅亡都不是偶然的，它實際是宋代切斷了內亞道路，切斷了技術輸出路線的一個必然結果。遼、金、元、清以內亞的部落為中心，重新接通了這個線路，暫時恢復了優勢，但是一旦它接管了漢地，一旦產生了重建專制大一統王朝的希望和可能，那麼這個同樣的過程就又要重演了。

12、大清和內亞的關係

清人採取的是什麼政策呢？它採取的是一種一面腐化、一面利用蒙古部落的系統政策。

它既要利用蒙古或者其他部落給他打仗，又不希望這些部落太強大，威脅到自己頭上，故而用大量津貼賄賂蒙古的諸王，讓他們放棄遷徙的自由、放棄私自進行戰爭的希望，結果使這些部落漸漸喪失了戰鬥力。這兩個要求在本質上是相互矛盾的，但清政府實際上掌握得相當好，它使蒙古進入一個緩慢衰弱的軌道，入關以前它依靠科爾沁部落[43]，入關的戰爭中它依靠東蒙古的各個可汗，在康雍

孝莊文皇后肖像畫，由清皇室御用畫家所繪。孝莊是科爾沁部落出身，她在丈夫死後，經歷各種各樣的權鬥波瀾。

[43] 科爾沁為蒙古的一個部族，是最早歸附清朝的蒙古部落，多次與清皇室聯姻，康熙帝的祖母、孝莊皇太后即出自此部。後來科爾沁因被準噶爾汗國攻擊，導致清朝與準噶爾之間爆發為期七十年的戰爭。

乾時代反對準噶爾的戰爭中，它主要依靠漠北蒙古的各個親王。而在此以後，基本上蒙古部落已經沒什麼用處，腐化速度加快，而腐化的結果導致哈薩克人的崛起。哈薩克人為什麼能夠崛起，就是因為清政府嚴重削弱了蒙古部落軍事傳統的結果。

這個遊戲，儘管它能把節奏掌握得很好，使內亞草原軍事系統的衰退緩慢，但是衰退仍然是不可逆的，最終把清朝帶到鴉片戰爭的前夜。本來清朝直到最後關頭，還是兩面一起用，一面任用曾國藩的民兵系統，一面啟用僧格林沁的蒙古部落，但是僧格林沁[44]的陣亡，可以說是清朝的一個憲法轉捩點，意味著清政府依靠內亞部族的時代永遠結束了。今後，它要麼依靠湘軍這樣的民兵，要麼依靠西洋武器和外國教官琅威理[45]訓練出的西洋軍隊。從憲法意義來講，大清國就是內亞部落的一個政治代理人。它失去內亞，必須反過來從西方輸入技術以後，本身的存在價值已經沒有多少了。就像大唐在安史之亂以後，它的存在價值已經沒有多少了那樣。

13、海路取代草原的近代

近代發生的最大變化，就是海路超過陸路。可以說蒙古統治下的和平，是內亞大草原作為技術和物流優勢的最後一次體現。但是差不多就在這個時候，航海技術的革命已經使海上運輸的成本比陸上運輸更便宜了。這樣造成的後果是什

八里橋之戰，速寫，一八六零年。此為隨軍記者所描繪，法軍於同年九月二十一日清晨，往八里橋方向行軍的景象。

滿洲最後一代名將僧格林沁。

㊹ 僧格林沁（Sengerinchen），科爾沁部出身，一八五三（咸豐三）年在天津南郊擊敗太平天國北伐軍，兩年後晉封為博多勒噶台親王（僧格林沁原為郡王）。一八五九年，第二次鴉片戰爭爆發，僧格林沁於大沽口海戰中擊退英法聯軍，但翌年的八里橋之戰以慘敗收場。一八六五（同治四）年五月，他在與捻軍作戰時戰死。

㊺ 琅威理（William Metcalfe Lang，一八四三年～一九〇六年），英國皇家海軍軍官，曾兩度擔任清朝北洋水師副提督銜總監督，協助清朝訓練艦隊。後來他返回英國，一八九九年任海軍中將。

麼？就是沿著草原地帶的各個地域文明當中，基本上都發生了秩序的顛倒。

在古代東亞的歷史上我們可以看得很清楚，就像司馬遷所說的那樣，「夫作事者必於東南，收功實者常於西北。故禹興於西羌，湯起於亳，周之王也以豐鎬伐殷，秦之帝用雍州興。」（《史記・六國年表》）為什麼始終是西北征服東南呢？因為西北是東亞通向內亞軍事技術的一個接口處。臨近西北的政權，像是趙武靈王和秦始皇這樣的人，他們能比齊人——靠近東方，經濟更繁榮，人口更多，但是戰鬥力不太強的齊人——這樣的國家享有巨大優勢。只要軍事技術從西北、從內亞草原上來，只要內亞的大草原始終是主要的物流通道，這個格局就不會改變。

但是一旦海路取代陸路，情況就不一樣了。對於內亞大草原這個海洋來說，北京和張家口這些地方就是它的港口。如果我們把內亞大草原看成一個陸地上的海洋、一個流動性的通道，你就可以看出，就像上海和廣州是英國人的港口一樣，北京和張家口是蒙古人和女真人的港口。為什麼以前的王朝要在長安和洛陽建都，而以後的王朝，卻偏要在燕京建都呢？因為燕京就是草原和陸地的分界線，正如上海和廣州是海洋和陸地的分界線。內亞的船隻（駱駝商隊）在北京登陸上岸，就像英國人的船隻在上海和廣州卸貨一樣。

這一點不僅限於東亞，你順著這條草原的邊界線向西看，到了外伊朗地區，你會看到撒馬爾罕和大不里士；到了俄羅斯草原，你會看到喀山[46]；到了波蘭王國，你會看到它北方的波羅的海沿岸有但澤[47]港口，南方則有利維夫港口。利維夫港口是什麼呢？是波蘭通向烏克蘭大草原和內亞的貿易通道。來自內亞的商隊

但澤鳥瞰圖，繪於一六八四年。這地圖詳細記載城中的各個著名地標，有可能是專門為了外地遊客和商人而畫的。

46 喀山，俄羅斯第八大城市，伏爾加河中游的交通樞紐與經濟、文化中心。

47 但澤（Danzig），波蘭語稱為格但斯克（Gdansk），自漢薩同盟時代以降，始終是波羅的海沿岸的重要港口，一直是日耳曼（普魯士）和斯拉夫（波蘭）兩大民族之間反覆爭奪的主要焦點。今屬波蘭，是波蘭北部的最大城市。

在利維夫集結，到處都是猶太人和亞美尼亞人的商團。為什麼十六世紀的波蘭王國是歐洲最不迫害猶太人的地方？它要用這些猶太人幹什麼？答案很簡單，當代理人。因為波蘭王國的財政收入要依靠從草原通往利維夫的這條商路。而猶太人是替他們充當商業經紀人的，所以波蘭國王和大臣需要保護猶太人[48]。

但是如果海路和陸路的地位倒轉過來，情況就恰好相反了。波蘭最重要的通道就改為北方的但澤港口，依靠漢薩同盟[49]的日爾曼商人把波蘭出口商品用船運到西歐去，草原對它不太重要了。十六世紀以後的發展就是這樣的——烏克蘭荒廢了，變成所謂的只有狼在嚎叫的地方。

我們要明白，戰亂及人口的損失都不是偶然的，正如布勞岱爾[50]說的，只要金融中心還在阿姆斯特丹，那麼路易十四無論如何都進不了阿姆斯特丹。只要法國軍隊逼近荷蘭，那麼荷蘭的貸款就會送到西班牙、德意志、英國和其他地方，法國不得不分兵去打這些地方，所以就進不了阿姆斯特丹。但是如果金融中心到了倫敦，那麼拿破崙的大軍即使到了布倫[51]，只要英國貸款一旦到了維也納，那麼法國軍隊就像聽了號令一樣，只能掉頭向東開拔，他們是進不了倫敦的。但是這個時候，法國軍隊是可以開進阿姆斯特丹的，因為它已經不是金融中心了。

烏克蘭之所以會變成只有狼在嚎叫的地方，是因為利維夫衰弱了。利維夫在，烏克蘭才能繁榮昌盛，利維夫衰弱了，那麼周圍都要變成一片荒蠻。但是與此同時，以但澤為中心的商業體系會繁榮昌盛。波蘭的中心從黑海移向波羅的海。波蘭是兩海之國，當大草原是主要通道的時候，黑海是它的生命線，可以藉此通向熱那亞人在卡法[52]建立的港口、通向君士坦丁堡、通向中東，這些貿易線

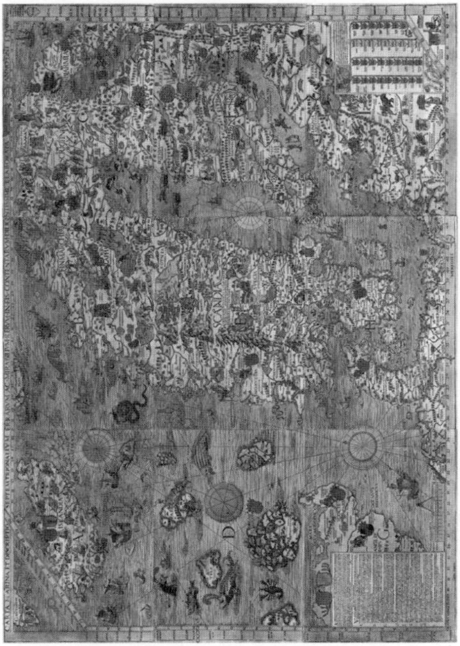

北海及波羅的海沿岸全圖，繪於一五三九年。圖中標示的大小城鎮，幾乎都有屬於漢薩同盟的商人在活動。

48 一三五六年，利維夫獲得馬格德堡權利（Magdeburger Recht），允許富裕市民選舉成立市議會實行自治，以及確保猶太人的社區自治權，使他們可按照猶太教法的規定生活。

49 漢薩同盟（Hansa Teutonica），德意志北部各城市於十三世紀結成的商業、政治聯盟。十四世紀達到鼎盛，壟斷了波羅的海的貿易。同盟於一六六九年解體。

50 布勞岱爾（一九〇二年～一九八五年），法國年鑑學派第二代史家，著有《菲力浦二世時代的地中海和地中海世界》、十五至十八世紀的物質文明、經濟和資本主義》等史學名著。

51 濱海布洛涅（Boulogne-sur-Mer），位於英吉利海峽沿岸的法國北部港口城市。

52 即今費奧多西亞（Feodossia），位於克里米亞半島，黑海沿岸的重要港口。

都要途經烏克蘭大草原，以利維夫為集結點。但是海路一旦取代陸路，西歐就要取代伊斯坦堡和卡法，阿姆斯特丹和巴黎才是波蘭貨物要去的地方，波蘭的生命線移動到了但澤，波蘭最繁榮的地方變成波羅的海沿岸，而南方的烏克蘭就荒廢了。

東亞方面的情況也是一模一樣。蒙古大草原一旦荒廢，蒙古通道一旦喪失，蒙古部落就要整體上貧困化。

至於大清為什麼能夠制服蒙古部落呢？很大程度上是因為蒙古所盤踞的這條最關鍵線路，已經不在是主要線路。與此同時，明代中後期，整個西北和華北都變得荒涼，人口急劇減少；而同時，沿著東南沿海一線，從上海到廣州一線的港口迅速繁榮起來，人口急劇增加。從上海到麻六甲這條線，形成新的人口聚集點，大量移民不約而同的移動至此，各方面的勢力向南洋集結。伊斯蘭教的戰船，駛向萬丹（位於印尼爪哇島最西部），建立了亞齊（今印尼蘇門答臘西北部）的蘇丹國和麻六甲的蘇丹國；日本的武士把澳門稱為阿媽港，他們來到台灣，來到菲律賓，來到澳門。日本人早在西方來臨之前已經不止一次提出要征服台灣和菲律賓了。而在東南海岸，產生了鄭芝龍、鄭成功父子海盜集團。而歐洲的勢力，荷蘭人、西班牙人和葡萄牙人，先後來到巴達維亞（即今天的雅加達）和菲律賓。這個過程是交織複雜的，並不像我們後來的歷史講的那麼簡單，是西方殖民入侵。

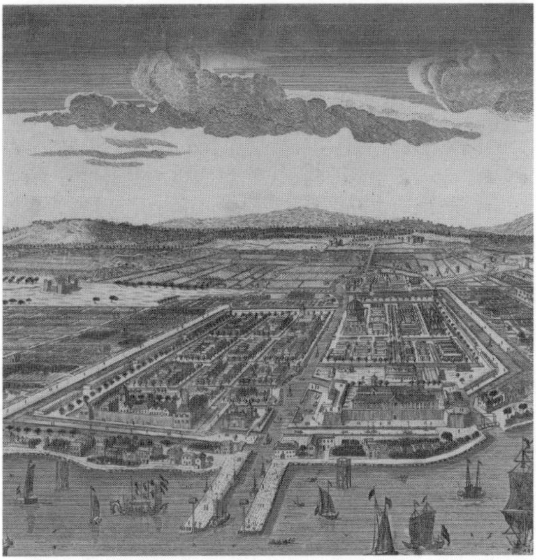

一六一九年，荷屬東印度公司征服了雅加達，並重命名為巴達維亞（Batavia，荷蘭的羅馬名），被定為荷屬東印度的首都。蒙古草原通道的荒廢和南洋貿易通道的興起，是依賴內亞體系的滿清最後衰落的地理原因。

14、東亞史上多次發生「鴉片戰爭」

其實我還可以大膽地說一句，即使西方殖民者根本不來，異國的艦隊出現在廣州海岸也只是時間問題，這是很明顯的。如果西班牙人不到菲律賓來，伊斯蘭教已經在菲律賓的第二大島棉蘭老島站穩了腳跟，他們肯定會向北前進，進入呂宋。他們的戰船能夠攻打得下麻六甲堡壘，而這個堡壘可比明朝政府在安南的堡壘要難打得多！這說明他們實際上已經比明朝征討安南的大將張輔[53]和鄭和的軍隊，擁有更先進的軍事技術（戰船）了。而東亞大陸的政權過了三百年，還處在吳三桂和努爾哈赤用大炮這種軍事技術的狀態。所以即使沒有歐洲人，到了鴉片戰爭差不多的時代，恐怕占領琉球的日本武士和占領麻六甲的伊斯蘭教武士，也會出現在廣州海岸。

歐洲人東下的主要結果，實際上是打斷了東南亞的伊斯蘭化進程，也切斷了日本武士在戰國末期已經開始的向南洋攻略的進程。歐洲人要更強大。但是無論如何，明清帝國已經不能構成有效的競爭對手了，它們自己退出了這場遊戲。

像郭嵩燾[54]這種人，就特別警告清政府說，西洋海上諸國的性質跟蒙古女真的入侵完全不同。實際上，他這句話沒有完全說對。鴉片戰爭不是只有一八六〇年那一場，也不是只在近代才開始，實際上是從趙武靈王那個時代就不斷在發生。只不過在十六世紀以前，鴉片戰爭發生在草原邊境，發生在內亞海洋和東亞大陸的交界地帶。蒙古部落不是郭嵩燾他們想像的那些野蠻人，他們是英國人以前的英國人。如果英國人是海洋的主人，那麼蒙古部落和類似的遊牧部落就是內

趙武靈王胡服騎射。胡服騎射的故事反過來講，說明當時內亞軍事體系因其具有優越性，而向東亞輸出的典型案例。趙國因處於草原邊陲，與匈奴長期對峙，明白到匈奴騎兵的優點在於機動和靈活性。於是趙武靈王推行改革，軍力逐漸強大，消滅中山國，擊敗林胡和樓煩二族，成為戰國七雄之一。

53 張輔（一三七五年～一四四九年），明成祖朱棣部將張玉之子，隨父親一起參加了靖難之變。張輔歷經成祖、仁宗、宣宗、英宗四朝，最後於土木堡之變中陣亡。

54 郭嵩燾（一八一八年～一八九一年），湖南人，清朝駐英國、法國公使，與曾國藩一起創立了湘軍。兒子娶曾國藩四女，女兒嫁左宗棠侄子。一八七五年赴歐考察，回國後寫成《使西紀程》，大力介紹歐美制度，被守舊派彈劾，該書也被毀版。郭嵩燾死後，李鴻章奏請將其事蹟載入正史，清廷以「出使外洋，所著書籍，頗滋物議」為由拒絕。

亞大草原（內亞海洋）的主人。

你說他們僅憑武力是錯誤的。武力不是從天上掉下來的，而是需要技術，蒙古人的騎射技術、馬鐙技術、連環弓技術，都是中世紀先進技術，需要大批工匠形成整個生產鏈。為什麼蒙古人不殺工匠呢？為什麼耶律楚材要對他的可汗說，做弓箭要用做弓箭的工匠，治天下要用治天下匠呢？就是因為蒙古人看重會製造弓箭的工匠，這是個非常專業的分工體系——哪種木材適合做弓，適合做什麼樣的弓，複合弓怎麼樣製造，當初都是很需要的技術，更不要說造炮的阿拉伯技師，當時更是高科技。儘管宋金戰爭中也開始使用火器，但是宋人使用的火器，效率不夠高，口徑不夠大，打垮襄陽城的那種超級大炮是伊斯蘭教的技師搞出來的，在技術上講比宋人的火炮要先進。

撒馬爾罕的天文台在技術上講，比東亞大陸的天文台要更先進。明朝削弱了蒙古人，從某種意義上，跟崇文抑武的宋朝一樣，把胡人趕走的同時，也切斷了科技輸入的線路，包括一個很敏感的項目——天文學。天文學是朝廷的面子，朝廷把曆法制定出來頒行天下，是統治正當性的象徵。但是元明時期的曆法是誰修訂的？是穆斯林天文學家。元朝的穆斯林為大都的可汗制訂曆法，明代郭守敬[55]

的曆法，被中國的教科書上吹得很厲害，其實它是內亞的技術，已經不是自己的技術了。明人驅逐元人以後，到成化、弘治年間就出現了很狼狽的情況，他們沒有內亞的天文技術輸出以後，馬上就出現了曆法一錯就好幾天的情況，日食也預測不準，一直到崇禎一朝得到耶穌會的天文學家以後，才把穆斯林天文學家留下的缺口補上。

位於北京的古觀象台。郭守敬等人和尼泊爾建築師阿尼哥合作，在元大都興建了一座天文臺，是當時世界上設備最完善的天文臺之一。在此基礎上，明代的北京古觀象台始建於正統七年（一四四二年），此後連續從事天文觀測工作四百多年。

郭守敬。元朝的天文學家、數學家和水利學家。他編制的《授時曆》，實際上是借鑑自內亞的穆斯林天文學家的天文技術。明朝頒行的《大統曆》就來自《授時曆》。

55 郭守敬（一二三一年～一三一六年），河北人，元朝天文學家、數學家和水利學家。元大都天文台，乃由郭守敬與尼泊爾建築師阿尼哥合作所建。

後來到了清朝，楊光先[56]這類人說：「寧可使中夏無好曆法，不可使中夏有西洋人。」大多數歷史學家都說這是儒家士大夫和西方的衝突，其實不是。楊光先是什麼人呢？他是回族，是元朝引進中國那些色目人的後代。發生在康熙一朝和以後的衝突不是西洋天文學家和儒家天文學家的衝突，而是基督教天文學家和穆斯林天文學家的衝突。儒家天文學家，早在宋朝滅亡以後已經不復存在了，明朝用的那些天文學技術，還是元朝留給他們的那些，清朝的楊光先和耶穌會士湯若望的競爭，是回回曆（伊斯蘭曆）和西洋曆在競爭，湯若望[57]證明了他預測日食比回回曆預測的更準，於是最終說服了康熙皇帝。

15、儒家歷史學者的粉飾和無視

所以我們可以假想一下，一個沒有西洋勢力存在的世界，明清帝國，最終仍然要面臨類似鴉片戰爭的局面，這一點幾乎無法避免。內亞草原本身是一個巨大的技術演化場，而我們現在的歷史學家，承認海上來的西洋勢力是攜帶先進技術來的，但是不大肯承認內亞海洋其實也是先進技術的主要產生地。

但是你在西亞，這一點基本上是沒法否認的。西亞王朝存在的時間比東亞的王朝存在的時間要短得多，競爭要激烈得多，基本上超不過三代人的壽命，能有一百二十年就是時間超級長的帝國了。從西亞一輪接一輪的技術輸出變得非常明顯，因此穆斯林的歷史學家很難否認這一點。但是儒家歷史學家，就很容易將之

湯若望肖像畫，一六六七年。他於二十六、七歲之間到達東亞大陸傳教，並在東亞度過了餘下四十七年的歲月。

56 楊光先（一五九七年～一六六九年），明末清初人。清廷任用湯若望為欽天監監正後，湯若望隨即推行新曆法；與此同時，湯若望的同僚、天主教徒李祖白與利類思合著《天學傳概》，主張中國文化西來說。這些都引致楊光先的激烈批評，時值順治帝逝世、鰲拜當權，於是釀成康熙曆獄，期間湯若望病逝。康熙帝親政後，曾任湯若望助手的傳教士南懷仁與楊光先一黨就曆法準確性展開對決，最終湯若望勝出（其所定的立春、雨水兩個節令，及月球、火星、木星運行的度次均較準確），楊光先被判死刑，雖蒙赦免，但在回鄉途中死去。

57 湯若望，原名約翰·馮·貝爾（Johann von Bell，一五九一年～一六六六年），神聖羅馬帝國科隆人，天主教耶穌會修士。一六一九年抵達澳門。一六二二年指揮擊退英荷聯軍，一六二三、二四年均成功預測月食。一六三四年完成新曆法《崇禎曆書》，因明末局勢，未及頒行。滿清入關後，《崇禎曆書》改名為《西洋新法曆書》，於一六四五（順治二）年正式使用。康熙曆獄時，湯若望又成功預測了日食。後病逝。值得留意的是，湯若望本人並未採納哥白尼體系（以哥白尼、伽利略和布魯略等人為代表，主張日心說）。

抹殺。可以說，儒家歷史敘事中之所以會存在很多斷斷續續、難以解釋的東西，關鍵在於他們用一種與意識形態掛鉤的方式，把故事的好壞角色給顛倒了。他們的歷史故事中的最英明君主，比如唐太宗或康熙大帝、乾隆大帝，實際扮演的角色是什麼？是來自內亞、並在中亞技術的輸入下建立帝國，並因為先前傳入的技術足夠強大，夠他揮霍一陣子，而被儒家知識分子視為聖君。而再過兩三代人，繼續控制這個帝國的內亞家族，就會發現自己的技術已經衰退到了完全提振不起來的地步。

但是，這個帝國最初仍然能跟內亞技術直接接軌的時代，是儒家所不喜歡的，因為它的蠻族色彩非常明顯。魏孝文帝以前的北魏，基本是一個鮮卑人的政權，唐太宗其實也是半個鮮卑人，他及之前的隋朝政權直接繼承了西魏北周宇文泰那個純鮮卑式政權。談到唐朝幾乎無法迴避的、最重要的府兵制是什麼呢？府兵制就是內亞部落的軍事體制，和後來安祿山的兄弟會體制一樣。而像柱國大將軍這樣的官名，就是宇文泰把從武川、河套地區帶來的蠻族部落武裝安插到關中產生的結果。武川鎮位於黃河倒U字型大拐彎的東北方，在陰山山脈的北麓。宇文泰、隋文帝楊堅的父親楊忠、唐高祖李淵的祖父李虎，都出自武川鎮。隋唐兩帝室的先人都是柱國大將軍。一般讀者可能不知道，隋朝楊家有一個鮮卑姓氏叫普六茹氏，而唐朝李家也有一個鮮卑名叫大野氏。這個安插的方式非常像後來滿清的八旗分佈各地、非常像日爾曼人入侵羅馬以後分封各邑的過程。但是到了安史之亂的時候，大家——至少是儒家歷史學家，就忘記了他們所擁戴的唐王朝本身就是中亞武士的產物，他們所熱愛的府兵制就是蠻族武士安插到中土農民當中的一種形式。把安祿山視為新來的蠻族，而忘記了長安的朝廷是古老的蠻族。儒家歷史學者就把古老的、已經喪失戰鬥力的蠻族當作是自己人來崇拜了。

這樣的情況，在清末又開始出現了。乾隆朝的儒家士大夫仍然沒有忘記滿清是中亞武士的後代，但是到了晚清時代，這些儒家士大夫就跟著清朝一起說中國如何、西洋如何，好像把清朝也當成自己人了。其實它也是入侵者，只不過內亞海洋上的入侵者和真正的海洋上的入侵者，在層次上確實有很大差距。我們得承認，來自海洋的這批最新的西洋入侵者，在技術上要先進得多。但是我們不能因此而被儒家的歷史粉飾術蒙蔽住，在鴉片戰爭之前，中國就面臨內亞草原上來的入侵者，中國的演變某種程度上就是內亞海洋秩序輸入的產物。

我想，其實歷史最重要的東西不是材料，我剛才講的這些材料都零零星星地散佈著，但是沒有人把它聯繫起來。歷史真正需要做的事情，就是把這些材料聯繫起來，復原出一個內亞海洋怎樣產生、怎樣演變、如何變成一套非常有效的物流體系，並怎樣輸出秩序到東亞的歷史。它對世界歷史的影響，絕對不會低於哥倫布以後大航海時代的西方艦隊和商船對世界歷史產生的影響。

第三講　從華夏到中國

1、中國是非常晚近的發明

我們所知道的「中國」，其實是一個非常晚近的發明。發明和想像，與真實相互重疊，在今天構成了一個很複雜的投影。這個投影已經有了一定的生命力，有了自己的思路和邏輯。從本質上講，這就是個無法認知、而又必須認知的物自體[1]。

我之所以說，依靠史料的歷史是靠不住的，就是因為史料必須在一個特定的體系中加以排列組合後，才會顯示出它的意義。而人們排列和運用史料的方法，事先就已經決定了它的意義：如果人們肯跳出自己的原有體系，將原有的史料打碎重組，重新設計一個體系的話，那麼史料馬上就會顯出完全不同的面貌。

有些人大概是不會考慮這些的，他們終生都沒有超出自己所掌握的那一點零碎史料的範圍，而在這個小小的範圍之內，他又不一定需要考慮這些事情，例如一個泥瓦匠，他無須研究建築的整體架構。但實際上，儘管他的磚瓦和別人的磚瓦樣式相同，到了不同的建築師手裡，就會顯示出各種五花八門的面貌。

如果一定要問，什麼才是絕對真實的面貌？那麼答案就是，「真實的面貌」

本身就是不可得的——歷史是一個不斷重構的過程，或者說，重構歷史的過程本身，就屬於製造歷史的主要因素之一。這是它其中最微妙的東西。

用量子力學原理的角度來說，觀察者本身會影響到觀察對象[2]。由於觀察者的存在，使原來的系統、存在著有多個可能性的系統發生坍縮，而坍縮以後的系統，將會確定到觀察者事先沒有預料到的一個比較固定的態勢上面。每一次在接

何尊，西周早期的一件青銅酒器，其銘文中最早出現「中國」二字。「中國」在這裡的含義，是指西周王朝的都城——成周地區，也就是今天的洛陽。「中國」在古代一直是地理和文化的概念。

❶ 物自體（Das Ding an sich），康德哲學體系中的一個重要觀念。簡單而言，物自體就是「事物自身」，然而基於人類認知能力的限制、個人經驗的影響等等，對於物自體，卻又沒有辦法徹底地了解。

❷ 關於此點，最著名的例子是薛丁格貓（Schrödinger's Cat）——「把一隻貓關在一個封閉的鐵容器裡面，並且裝置以下儀器（注意必須確保這儀器不被容器中的貓直接干擾）：在一台蓋革計數器內置入極少量放射性物質，在一小時內，這個放射性物質至少有一個原子衰變的機率為 50%，它沒有任何原子衰變的機率也同樣為 50%……只有通過打開這個箱子直接觀察，才能解除這樣的不明確性。」（出自《Die gegenwärtige Situation in der Quantenmechanik》）。這是奧地利物理學家埃爾溫．薛丁格於一九三五年提出的思想實驗範例，通過此思想實驗，薛丁格指出了應用量子力學的哥本哈根詮釋之於宏觀物體時會引發的問題，以及該問題與物理常識之間的矛盾。

近歷史節點的時候，人們認識歷史的方式，這個方式本身就會決定歷史的走向。因此在這種觀察者和被觀察者之間的反覆循環之中，就形成了一個類似格式塔式[3]的巨大體系，在這個體系當中，觀察者和被觀察者的區別逐步趨於消失。

我們回顧所謂的華夏，或者說所謂的中國存在的過程，必須上溯到人類文明產生的真正歷程，而不能只看這一百年來的形塑。漢語世界的大多數人——不僅包括東亞大陸上的人，也包括南洋在六十年代以後重新推行普通話教育，用華文教育培養出來的這些人——基本上他們的認知體系是一個層累造成的結果，一個在晚清張之洞時代和梁啟超時代之間所形成的體系。這個體系創造了所謂的「四大文明古國」說法。

它的基本背景是，在當時強勢的西方基本上已經征服了世界的情況下，把華夏文明和猶太、波斯、印度這些古老文明並列，然後教育晚清剛剛進入新教育的群體（例如中學生），告訴他們說，華夏其實不比猶太、波斯或印度來得差，而以上這些古老文明都已經滅亡了，唯有以大清為代表的華夏文明還沒有滅亡。因為只有我們大清還沒有滅亡，所以我們是值得自豪和驕傲的，只有我們才能跟近代西方平起平坐。再本著這個精神，產生了所謂四大文明古國之類的說法。梁啟超把這種說法加以總結，於是就產生了後來的中國、新中國這一系列的概念連環體系。

有了這套概念連環體系，然後才產生了所謂的「建設新中國」、「不同類型的新中國」、三民主義、共產主義諸如此類的敘事體系，國恥教育、反帝教育，或者說是「中國和帝國主義」、「中國和世界體系」的種種說法。儘管這些說法

中國是四大文明古國之一，乃是梁啟超的發明，而不是真實的存在，至今只有一百多年的歷史，新中國、反帝、反殖民、三民主義、中國夢等政治概念，都是這一體系的衍生品。

❸ 格式塔學派是心理學的重要流派之一，興起於二十世紀初的德國，又稱為完形心理學。格式塔是德文 Gestalt 的譯音，意指「動態的整體」。格式塔學派主張人腦的運作是整體的——人們對一朵花的感知，並非僅從自身對花的形狀、顏色、大小等實時感知獲得，還包括人們對花朵以往的經驗和印象，以上加起來才是對一朵花的感知。

有許多細節上的差別，例如，現在還有人為了抗戰功過、狼牙山五壯士之類的東西吵得沒完沒了，其實它們全都在這一個體系之內的時候才有意義，人們如果打碎了或者是超越了原有的、這個壽命才一百一十年的體系，之前提出的這些問題就都會失去意義。

2、華夏文明本身的遲滯性

為什麼四大文明古國這個敘事體系非打破不可？就是因為，一方面，它在實證方面的正確性跟「非洲中心論」[4]是差不多的，它是為了挽救當事人的自尊心而不惜歪曲史實的做法。

各位要明白，歷史解釋是有層次性的：所有事實都是可以做不同解釋的，而且完全可以解釋到立意完全相反。但是，你不能夠抹殺或者是推翻已經知道的事實。而非洲中心論的學說或四大文明古國的學說，都是嚴重破壞了已知的無法推翻的考古學和遺傳學的事實。

從現在發現的這些考古資料可以看出，沒有四大文明古國或者是非洲中心論所暗示的那種各文明一律平等、多元文化一律平等的依據。文明擴散是有明顯等差性的，它像一個同心圓，從一個中心向四面八方蔓延。中國，或者說東亞大陸地區，在這個蔓延的過程中是明顯落在後頭的。這個遲滯性，一直影響到後來的幾千年都沒有改變。

耶利哥城遺址一角。這是城中某座製糖工坊的遺跡，顯示了耶利哥作為早熟文明城邦時的蓬勃發展形態。

❹ 作者本人另有一段相關解說：「……新舊唐書和資治通鑑的解釋都是湯因比所謂的非洲中心論，認為英國人打敗德國人的原因在於德國人不敬坦桑尼亞山神。」

我們來回顧一下人類文明最初的起源。最早的文明產生在現在以色列北部和敘利亞西部一帶，然後蔓延到兩河流域，之後再蔓延到埃及，接下來又蔓延到印度和希臘，最後才進入到東亞、非洲和美洲。

華夏文明比印度河流域的文明要晚很多，而印度河文明又要比美索不達米亞文明要晚。中國比誰早呢？它只不過是比中美洲和非洲的文明要稍微早一點。論時間來說，比希臘稍微晚一點，比印度晚得更多，至於比蘇美爾和埃及是晚得更為徹底。

也因此，在這個基本格局之下，談論四大文明古國基本上是一件沒有意義的事情。如果按照中國學界的標準，例如像是湖北和河南現在出土的，那些半坡村之類的地窯就可以看成文明的話，那麼我們就完全有理由說，像中亞的木鹿古城那些現在已經出現成片沙漠的地方，甚至在烏克蘭草原的斯基泰[5]那些地方，不僅也存在文明，而且存在著比它們早得多、繁盛得多，而藝術造詣也高得多的文明實體。

3、文明東擴的兩條主要路線和兩條次生路線

如果抹去這些亂七八糟事後建構的說法，從各地以陶器出現為標誌，文明不斷向東擴張的真實次序大致上有兩條線索。

一條線索從兩河流域越過中亞，從塔里木盆地漸漸向中原蔓延。這一條線索

古巴比倫，文明的中心在兩河流域。古代文明從這裡向東擴展，遵循兩條主要路線，其中一條既是穿過內亞而來到東亞。

❺ 斯基泰人（Scythians），是有記載的最早的遊牧民族，據目前研究，斯基泰人於前四千年左右已馴服馬匹。斯基泰人沒有文字，但冶煉技術非常發達，有相當多的金器遺世。

非常重要，因為它帶來了許多核心技術，例如戰車和祭祀的技術。

殷商王國的戰車技術和美索不達米亞的戰車技術是極度相似的，而且這個王朝在它剛剛建立的初期，就是憑著戰車技術威震周圍的各邦，而各邦似乎沒有相應的技術；到了殷商王朝的晚期，至少周人已經打破了殷商的戰車壟斷。這些事實，如果按照技術擴散的一般規律來說，等於是暗示，要麼殷商本身有西來的來源，要麼它通過間接傳播的方式，優先於其他部族接受了來自於兩河流域的文明成果，使它比更東方的和四周的各個文明群體占有了極大的優勢。

這條線索的路線沒有我們想像的那麼難走，因為古地中海[6]延伸的範圍，比現在要大得多，在史前時代，地中海往東，裏海、鹹海這一系列鹹水湖都曾經是古地中海的一部分，而當時的喜馬拉雅山也不像現在這樣高，中亞的氣候沒有像現在這樣乾旱，通過塔里木盆地這條路線也不像現在這樣難走。

第二條路線，始於印度，通過喜馬拉雅山南麓，通過緬甸，通過雲貴高原，通過紅河谷流域和南洋，延伸到巴蜀和長江以南的各山地。對此，我們知道的具體情況要少得多，但是這條路線的重要性甚至可能比第一條更大一些。材料之所以少得多，主要原因就是這條文明線索走了一條可能是非國家化或者是去中心化的道路。它最主要的特點就是，缺乏大規模的武士團體和組織嚴密的國家政權。

我們都知道，在古老文明中，現在人口聚集最多的平原地帶，實際上早期是瘴癘之地，是最不適合於居住的地方，因為排水很困難，洪水非常頻繁。最早的人類居住地，是在相當於半山坡的高地。這些地方是洪水淹不到的地方，沒有蚊子和疾疫，不需要有很高的技術就能開發。在文明技術進一步提升以後，組織性

東亞的古代戰車。戰車起源於西亞，經由內亞而傳至東亞。據相關史料和考古發現，商晚期的戰車，是馬拖駕的木製車輛，車上或車旁放有兵器。甲骨文中也有不少用車的記載。周朝時，車戰興盛，武王克殷時，周武王軍隊主力是「戎車三百乘，虎賁三千人，甲士四萬五千人」。而諸侯兵會於牧野者，有車四千乘之多。隨這戰爭規模的擴大，因此也有了後來的「千乘之國」、「萬乘之國」之稱。

❻ 指特提斯洋（Tethys Ocean），中生代時期（前二億五千年至前六千六百萬年）的海洋。據目前的推算，現時印度、印尼、印度洋一帶，過去都曾是被特提斯洋覆蓋的區域；現今的地中海是西特提斯洋的殘餘部分，而黑海、裏海與鹹海則是副特提斯海的殘餘部分。

大大提高以後，他們才會從高地進入低地，排乾三角洲和沼地的水，把這些地方變成肥沃的土地。所以在古代，江南、巴蜀這些地區的文明線索，基本上都是從山地向平原擴散，最早的部族實際是在山地的。

最早開發的稻種，來自印度的稻種，基本上是旱稻。僅僅是稻種這一項，就足以使南方的各個群體比中原地區的各個群體享有極大的優勢。因為遠古時代，也就是殷商時代，中原的各個群體基本上還是依賴效率很低的農作物，例如直到孔子時代大家還在吃的黍米，這是一種很接近於小米（粟）的植物，它產生出的種子蛋白質的含量並不很高。相反，南方的水稻產量比它高出大概二十倍甚至更多。僅僅是這一項，南方的各個群體在經濟、生活方面就要富裕得多。

但令人奇怪的是，在軍事組織和政治組織方面，南方的各個群體確實明顯落後。從浙中地區出土的那些古跡就可以看出，它比二里頭[7]或者大汶口[8]的古文化遺址、甚至同時代的其他華北遺址要富裕得多，浙中古跡的玉器更多，雕琢更精緻，墓葬也要更多，階級分化不那麼明顯。墓葬中間的財物如此豐富，而且雕琢精細，顯示出當地工匠的技術非常發達，而且有一種從容不迫地享受文明生活的餘裕。

　　但是浙中的武士集團不多，因為出土的戈矛之類的東西不太多，而且身首分離或者是四肢不全的殘骸非常少，只有幾個人或者幾十人的屍體是不全的，而屍體骨骼上面留下的傷痕又非常的少，好像是，他們的死因都是遭遇意外事件。從這些遺骸的情況可以看出，浙中地區的邦國或者群落，規模並不很大，發生衝突的時候，似乎頂多就只有幾十個人死亡——也就是說，他們缺乏進行長時期和大

良渚遺址的古城牆部分。良渚遺址位於浙江省杭州市餘杭區，遺址的年代約在前三十四世紀至前二十一世紀之間。

❼ 二里頭遺址，位於河南省偃師市翟鎮二里頭村。遺址年代約在前三千八百年到三千五百年之間，碳十四定年可追溯到公元前一七五〇年。

❽ 大汶口遺址，位於山東省泰安市岱嶽區大汶口鎮大汶河畔，是一處新石器時代的遺址。

規模戰爭的能力和意志。

而在大汶口或者二里頭，儘管這些群落的物質生活實際上還不如南方，但是他們在同一時期就出現了極其可怕的階級分化：大的墓主擁有大批的戈矛和殉葬品；小的墓葬——顯然是屬於窮人的，除了極少數武器以外，基本上是一無所有。而且，不僅戈矛之類的東西出土的要多得多，而且經常出現大規模的遺骸，幾百人甚至上千人的屍體，而這些屍體明顯是死於非命的。尤其可怕的是，這種現象甚至是不分性別的。像在陝西南部出土的墓葬中間，就包括十幾歲的女性（按現在的說法是少女，但在當時肯定已經屬於壯年女子，是可以承擔最沉重體力勞動的人），明顯是死於暴力，是在戰爭中被釘頭錘之類的武器打死的，身上負傷多達幾十處，說明了戰爭的激烈程度。而北方這些人，哪怕是包括男女兩種性別的武士，顯然是在極其激烈的戰鬥中死亡，或者是在被俘以後遭到酷刑折磨而死。這個戰鬥的激烈程度一定是要求戰士輕傷不下火線，必須打到粉身碎骨，自己已經變成一灘爛泥，爬都爬不動的時候，才能死在戰場上。根本就沒有像南方那種，只是少數士兵偶然被一塊飛石打死了，其他人都毫髮無損地自動撤離戰場的情況存在。

最後，在遠古時代基本上是南北方相平衡、甚至南方在物質生活上略占優勢的這種文明，在殷商時代及其以後，漸漸讓位給北方獨占優勢的一種文明。其中起最大作用的，很明顯就是北方野蠻的戰爭倫理和它比南方要提前產生的軍事、祭司、貴族團體。這個具有高度組織能力的團體，使它能夠形成人口和資源汲取能力大得多的組織，足以對物質生活比較繁盛，但是組織能力比較低的其他南方

大汶口文化遺址中的臂穿玉刀，象徵了墓主人的權力和武力。

商代出土的兵器亞醜鉞，也象徵了權力和地位。

各邦形成巨大的壓力。

在南北方這種基本格局形成的過程中間，還有兩條線索從遠東跳出。我們剛才提到，在東亞地區，無論是南方的文明還是北方的文明，其實歸根結底都是來自於兩河：北方是直接通過兩河、中亞來的；南方是間接經過印度，然後從中南半島上的緬甸傳入的。

傳入東亞以後，又有兩條線索從東亞伸出。一條線索，可能是陸上或者是近海的，首先形成一個環渤海圈的文化圈，然後形成一個環北太平洋的文化圈。也就是後來有些人說的是，馬雅殷商的文化共同體。他們的祭祀儀式是極度相似的，把玉器當作一種巫術儀式，這個文明圈尤其類似是都有一個神權貴族武士集團，都大規模地在祭祀和墓葬中使用活人殉葬，都在戰爭中實行極其殘忍的屠殺。這是整個環渤海圈和環北太平洋共同的特點。我們在殷商墓當中看到的那些特點，其實也適用於阿茲特克人。環北太平洋文化在美洲保存的時間，也許比在太平洋西岸還要保存得更久一些。

另一條線索則是南方福建、廣東沿海的馬來——玻里尼西亞人，他們經由海路逐漸遷移到太平洋各島。今天這個語系的主要後代已經是位於從太平洋到馬來亞，再到馬達加斯加島嶼這一線，而在東亞大陸留下的很少了。他們的遷移動機，到底是純粹生態學的原因，就是說一個群落無須受到壓迫，也會自動地向人口較少、資源較豐富的地方遷移，還是因為在大陸上遭到其他族群壓迫，現在還不好說，也沒有充分證據。

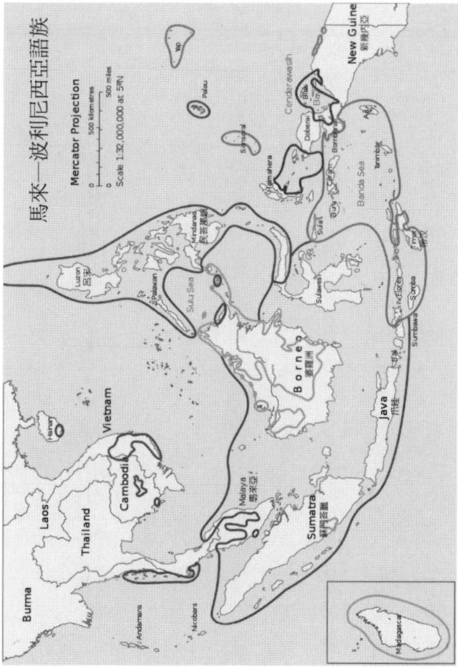

南島語系下的馬來—波利尼西亞語族（Malayo-Polynesian）分佈的範圍，大致契合本書所提及的文明傳播的南方支線。

4、殷商體制削減了東亞文明的複雜性

從甲骨文構字法來看，殷人似乎不大把體質上跟他們相差甚遠的部族當作人類。不要說別的，和周人有著姻親關係、後來建立齊國的羌人（姜姓）部落，在甲骨文中就是半人半羊——甲骨文是一個類似繪圖的文字，它不是像現在經過演化以後，變成一個象徵性結構的漢字，它畫出來的羌人圖像，就是一個怪物的形象，像希臘神話所描寫的半人半馬一樣。而殷人在祭祀中，經常出現這樣可怕的紀錄：「今天的祭祀，殺了三十頭牛、二十頭羊和四十個羌人。」考慮到原始人類也浪費不了那麼多肉，幾十頭幾十頭的牛羊大概沒什麼可能祭祀完就直接扔掉，而且祭祀以後的祭肉，大多數情況下又是供祭祀人食用的，所以我們可以合理地假設，那些羌人弄不好就是跟牛羊肉混在一起，被殷人吃掉了。這一點當然很難有任何直接的考古學證據，但是有一個側面證據是確鑿無疑的：殷人在他們的首都有大面積的手工業作坊，用人和動物的骨頭製作各種工具。如果人的骨頭和動物的骨頭都一起作了工業原料的話，那麼人骨上附帶的肉的下場，恐怕也不會比動物骨頭上附帶的肉的下場要好多少。

這種極其冷酷的對俘虜進行殘殺的做法，就可以暴露出當時東亞大陸上的人口結構變遷。東亞大陸早期的基因多樣性比現在要大得多。因為現在進化論的主流觀點解釋不了這些東西，經常把神話中提到的各種特殊部族予以忽略，例如在神話中遺留下來的什麼防風氏[9]或者其他巨人族、矮人族之類。至於說僅僅是頭髮顏色不同或者膚色不同，那都是一個比較小的區別。這個巨大的基因庫是怎樣

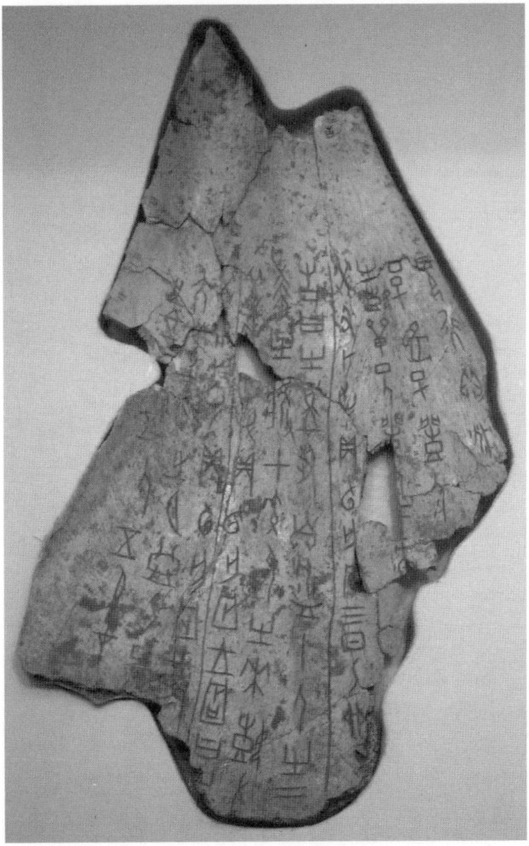

一塊甲骨。甲骨文是由殷商人的祭祀儀式而來，流傳開去後，又被加以改造（金文．大篆），是為漢字的源流。

❾ 防風氏，傳說中的上古人物或部落名，巨人族。春秋時期吳國攻打越國，在摧毀會稽城時，出土了一根要用車拉的大骨頭，孔子為此而談到防風氏。「吳伐越，墮會稽，獲骨焉，節專車。吳子使來好聘，且問之仲尼……既徹俎而宴，客執骨而問曰：『敢問骨何為大？』仲尼曰：『丘聞之：昔禹致群神於會稽之山，防風氏後至，禹殺而戮之。』」（《國語．魯語下》）

遭到刪減的，怎樣形成一種比較接近於現在這樣體質較為相同的人群，在殷商時代很可能是依靠類似種族屠殺的方式來完成的。當時的部落規模不大，而殷人田獵的方式是，對待失敗的部落、逃跑不太快的部落，就像是對待野獸一樣，把他們徹底消滅和利用。可以想像，有許多規模不太大的部落，在這個過程中間，實際上是遭到了徹底毀滅的。

到孔子時代，當時的記載還有很多特殊的傳說，說是什麼什麼太行山境內或者現在大巴山境內的地方，有這樣或者那樣的巨人族或者是其他的特殊種族，偶爾作為奇聞軼事進入諸子百家的視野。到三國時代，還有些從血統上講好像應該是土庫曼族的特殊人群，有著特殊的膚色和面貌。但是越往後，這些紀錄就越少。大概到魏晉以後，再出現膚色和面貌跟黃種人不同的那些人，一般來說都是從中亞、鮮卑或者是西域一帶重新闌入的蠻族。

殷商，按照他們的貴族武士結構形成的這個體制，造成的主要後果就是，在它建國的這一段時間內，使東亞地區的文明繁複性有了一個大幅度的削減。如果按照傳統的說法，殷商時代是華夏文明的一個進步階段，但實際上從人口和其他方面來看，殷商時代比起以前文字還沒有產生出來的遠古時代，殷商以外大多數地區，特別是環繞在殷商王畿（直轄地）周圍各個聚落，面臨著一個極大的損失。本來是一大片難分伯仲的文明體，構成一個連續的東亞文明地帶，甚至超出了亞洲的範圍，一直延續到美洲；在殷商興起以後，變成了一個以殷商為中心的文明中心，在周圍只剩下一系列破碎的小部落地帶。在這個過程中間，周邊地區小部落的人口和文明的複雜程度都大大削減了。我們可以合理地假定，由於戰爭酷烈程度的升級，那些來不及產生出強大武士團體的部族，在這個過程中遭到了毀滅，只有規模比較小、能夠逃避殷商打擊的部族，和另外一種，根據殷商的打擊重新調整自己生活方式的新蠻族部落，能夠在這個過程中生存下去。在這個過程結束以後，東亞大陸的政治和經濟結構都出現了永久性的分離——組織能力所在的地方和經濟中心所在的地方永久性地分離了。生產能力最強的族群，從此以後再也不是組織能力最強的族群，而組織能力最強的族群在生產和經濟利益上始終是掠奪者和征服者。

蠻族的二度生成是在殷商中後期形成的。我們習慣說的遊牧民族，在遠古時代其實是不存在的。所有部族，多多少少都是兼營幾種生活方式，其中可能包括獵取和馴化牲畜，但是很少有人專業這麼做的。專業的牧民是在定居文明已經興起幾百年甚至更久以後才重新產生的，它的產生，很可能就是，拒絕接受書面文字所建立起來的這個文明群體的生活方式、又不願意被消滅的那些群體，重新改變了自己的生產結構。單純的「遊牧民族」是不可能存在的，他們需要從定居的民族引進許多生產物資，因此一開始就有戰爭和共生方式。戰爭就是世界秩序的支付方式。而他們重新組織，強化他們馴養牧群的技術，從而產生了另一種不同於定居民族的武士團體。這樣的武士團體能夠對抗中原地區的武士團體，構成長期戰爭的格局，而通過戰爭的方式讓雙方之間交流物資，凡是不能夠進行這種生活方式和組織方式調整的部族，或多或少，早晚都會被兩者之一吸收掉。

在這種情況下，殷商系統已經到了內循環無法維持下去的地步。這就像是西班牙征服者到達之前的阿茲特克人，他們通過東西南北四面八方的征伐，不斷地掠奪周圍各部落的人口，動輒用十萬人的規模進行人殉和獻祭，以至於西班牙人來的時候，特諾奇提特蘭[10]這個二十萬人口的大城市孤獨地處在其中，周圍只有許多原始部落，原先曾經存在過的、文明程度比較高的馬雅城邦已經徹底衰亡；而這些原始部落，則把西班牙人當成自己的解放者、救星。殷商滅亡的時候，殷商王畿周圍的族群似乎也出現了類似的情況。

5、周人的和平和禮儀

對於他們來說，殷商的滅亡，等於是擺脫了極度殘酷的戰爭和人口損失，使他們得到休養生息的機會。周人，被孔子所崇拜的周禮，儘管有很多是儒家學者後來的塗脂抹粉，但是有一點可以肯定，就是說，它確實很有效的收縮了戰鬥範

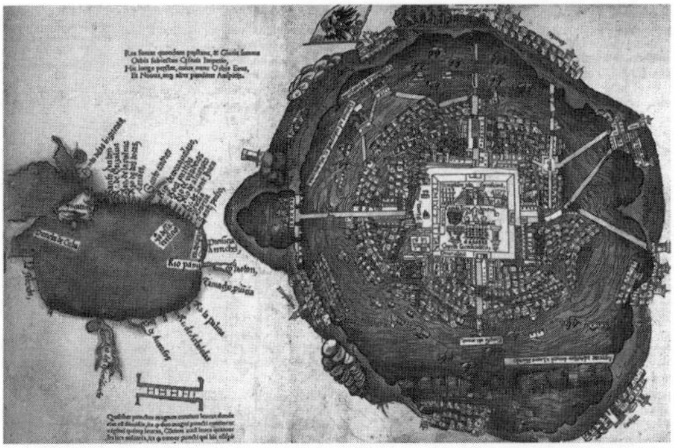

特諾奇提特蘭「都更」圖，繪於一五二四年。西班牙人改建時，發現地基不穩，最後填湖並在原址重建墨西哥城。

⑩ 特諾奇提特蘭（Tenochtitlan），阿茲特克首都，位於今天的墨西哥城。特諾奇提特蘭建在當時的特斯科科湖（現已消失）之中，面積約有十三平方公里，是歷史上著名的人工島之一。

圍。周禮把戰爭嚴格的限制在極少數精英分子中，在整個西周和春秋初期，再也沒有出現過像殷商時代經常出現過的那種女武士參加戰爭甚至在君王死後和男武士一起被殉葬的情況。甚至男性武士的人殉也變得很少見了，變成遭到譴責的對象，像《詩經．秦風．黃鳥》就是描繪秦穆公因為違反了周王朝的禮法和遊戲規則，在他身後按照野蠻的習俗把三良殉葬，遭到輿論的一致譴責。春秋時期的宋國，是殷人的直系後代，在他自己的宮室被燒毀、需要做一個大動作的時候，他也頂多是祭了一匹馬，而為了獻祭這一匹馬，還引起了極大的爭議[11]，因為正常的祭祀，比較次級的祭祀，是獻祭一頭羊，而最高的級別，也就是獻祭一頭牛的程度。人殉這件事情，在周王朝的政治倫理中是遭到嚴厲譴責的，被儒家分子譴責為不人道的。

你從《詩經．豳風．七月》這些詩篇就可以看得到，周代的村落，與殷商時代不同，是高度和平的。他們只需要向領主交納一定的土特產之類的，就可以在領主的保護之下獲得和平的生活，基本上不承擔什麼軍事義務。這種情況一直持續到春秋末期，新的軍國主義國家崛起以後，才重新出現把全國人口投入戰場的局面。西周和春秋時期，休養生息了幾百年，很可能是東亞歷史的又一個小陽春時代。在這幾百年積累的資源，最後形成了非常燦爛的春秋文化，而春秋文化也就是殷商聯合移民團向各地的土族傳遞資訊這個過程中形成的混合體制。在混合的初期，雙方的隔離還是很明顯的；到混合的後期，也就是到了春秋中後期，他們和當地土著文化相結合，逐步形成了地方色彩很明顯的各種文明，就是我們所知道的齊楚秦晉各個文明群體。所謂的諸子百家時代，最輝煌的時代，就是在這

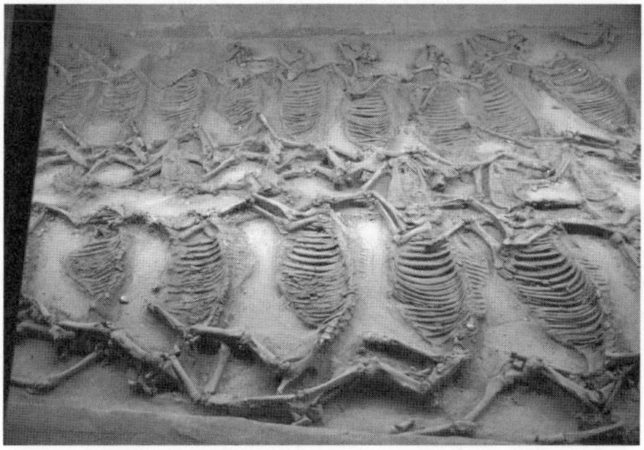

齊景公殉馬坑。《論語·季氏篇》記「齊景公有馬千駟，死之日，民無德而稱焉」。到了齊景公所在的春秋時期，諸侯已經不再遵行周禮。

⓫ 按照《春秋左傳正義》和《毛詩正義》的說法，宋人這次祭祀，和周禮有四點抵觸：一、發生火災後，國君應向社稷禱告，並懺悔他的施政錯失，而不是企圖用祭品討好（即「有幣無牲」）；二、用馬獻祭，不符合周禮關於祭品的規定，見下文；三、盤庚雖然是殷人的遠祖，但他在周人眼中，並不屬於聖王，因此向他獻祭不具正當性；四、向城墻（用馬以四墉）獻祭，在周禮中也缺乏明確的理論依據。《左傳·襄公九年》：「九年春，宋災……祝宗用馬於四墉，祀盤庚於西門之外。杜預曰：凡天災有幣無牲。用馬祀盤庚，皆非禮。」

樣的長期積累和建設的基礎上才可以產生的。

6、戰國末期到漢魏的大一統之形成

但是戰國末期的軍國主義戰爭和全民動員體制，又以透支的方法，破壞了東亞文明群體的延續性。從戰國末年到西漢初期，可以說是物質生活和文化多元性的又一次大毀滅時期。從政治上來講，這一時期的特點是，官僚制度的發育和大一統帝國的形成。在地方經濟和文化上的特點就是，春秋末期繁盛起來的這些地方文化共同體逐漸變得越來越單調，最後變得越來越統一。征服者所在的秦晉這些地方，在文化上遭到被征服。遭到破壞較少的東方——齊楚這些地方的殘餘文化和他們的巫術方術體系向西向北蔓延，最後征服了秦漢中心地帶——關中。但是他們的征服也是曇花一現的，他們的力量很快就衰竭了。在西漢末期，中原地區的墓葬和日常生活被中亞和北印度引進的體系漸漸地替代。到東漢末年，可以說，甚至公卿和皇室也都沉迷於對北印度文化的引用之中。北印度文化闌入，有一個側面的效果，就是中國古代的詩歌，由詩經時代的四言詩逐步變成了漢魏時代的五言詩，而且增添了很多韻腳的內容。如果沒有這次蠻族文化的闖入，這些東西都是不會出現的。

漢魏時代等於是一個社會組織和政治組織趨於僵化和簡單化的時代。僵化和簡單化的結果就是使生育率和生活樂趣都極度簡化了。東漢末年普遍出現田荒、

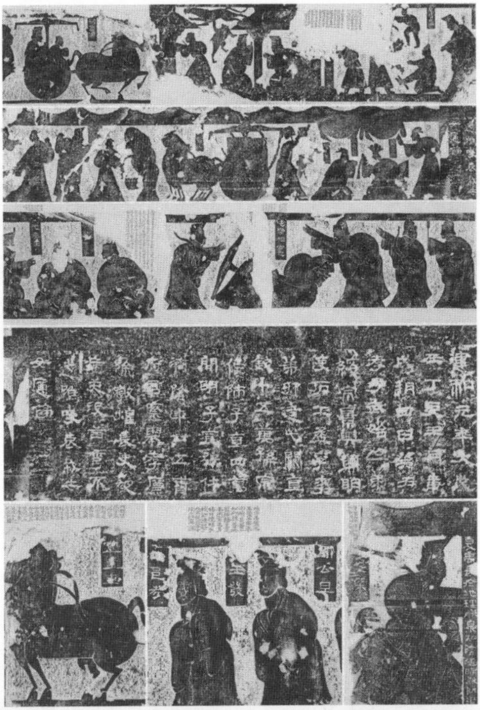

《後漢書．五行志》載：「靈帝好胡服、胡帳、胡床、胡坐、胡飯、胡空侯、胡笛、胡舞，京都貴戚皆競為之。」精彩的胡人畫像石刻，反映了時代的風潮。漢代西南地區獨特出土的青銅搖錢樹，也充滿了佛教色彩。（上圖為漢代畫像石，下圖為漢代搖錢樹。）

人荒這樣的局面，以至於朝廷用了極大的努力來維持人口，但是賦稅人口仍然不斷減少。像楊震這些儒家學者在東漢末年已經公開談論田荒、人荒的問題[12]。過去只是涼州或者幽州這樣的邊區地帶人口減少，而現在冀州這樣的靠近京師的人口最繁盛的地區也開始日益荒涼。邊界的蠻族不斷闌入，以至於西部地區找出一個能誦讀儒家經典的人都變得非常困難，東漢晚期的士大夫已經開始擔心，關西還能不能夠算是儒家文明圈的組成部分。但這個趨勢是無法逆轉的，從東漢晚期到三國魏晉，儘管朝廷上層表面上看仍然是東漢的殘餘體系，但是整個過程一直是狄、羌、鮮卑人口不斷向核心地帶蔓延，最後通過永嘉之亂[13]基本上替代了北方的人口。

永嘉之亂以後的初期，北方人口損失的情況是難以做精確統計的。但是等到北魏重新整頓北方的人口的時候，原有的漢魏人口，照他們當時的統計，就是說，重新建立宗主督護制，統計華北地區的人口的時候，他們認為是，遷移來的人口是占了八成，而原有的居住人口只占兩成。而原有的居住人口甚至也不能認為是漢魏時期原來的殘餘，因為已經包括了石虎[14]、苻堅[15]經過多次遷移以後，多次摻雜過的後裔。

7、漢唐之間沒有連續性

這個過程一直延續到唐代初期。唐代初期，關中地區的墓葬群仍然充滿了四個字、五個字的鮮卑姓名。只有像唐太宗或者長孫無忌這樣的上層——儘管出身其實也是鮮卑人——才把自己的姓名改成為漢字。再從唐太宗到唐玄宗的近百年

⓬「延光二（公元一二五）年，代劉愷為太尉……震復上疏曰：『臣聞古者……伏念方今災害發起，彌彌滋甚，百姓空虛，不能自贍。重以螟蝗，羌虜鈔掠，三邊震擾，戰鬥之役至今未息，兵甲軍糧不能復給。大司農帑藏匱乏，殆非社稷安寧之時……』（《後漢書．楊震列傳》）

⓭三一一（永嘉五）年，外族軍隊作亂，擊敗西晉軍隊，攻陷首都洛陽並大肆搶掠殺戮，晉懷帝以下一眾王公大臣被俘，此後琅琊王司馬睿在建康建立了東晉政權。作者另有一段相關評論：「東亞古代史的終點是蠻族入侵，就是永嘉之亂；中世史始於永嘉之亂，結束於唐宋變革；宋代以後的東亞就已經是屬於近代史了……東亞古代史真正的特點是，只有在這個時期，東亞的文明才在借鑑外來文明的基礎上有一定的自我創新能力，這就是孔子作春秋的時代，從春秋戰國一直到秦漢帝國，大體上重複了從希臘到羅馬帝國的時代，構成一個完整的文明季候；中世史就是五胡亂華直到鮮卑帝國的建立，這個時期，東亞文明已經沒有獨立創造的能力，主要依靠外來的輸入，但是外來的輸入者對東亞的傳統、孔子的傳統還有一定的敬畏之心，他們還願意冒充華夏；第三階段就是近世史，唐宋之變以後，從宋代到現代，也就是從遼金元入侵到西洋入侵，共同的特點就是，新的入侵者對華夏衣冠已經沒有任何尊重，他們認為自己的傳統更高貴一些。」

⓮石虎（二九五年～三四九年），後趙武帝。因其性格殘忍、生活奢侈、貪圖女色，被視為暴君。

⓯苻堅（三三八年～三八五年），前秦宣昭帝。在位期間控制黃河流域全境，於三八三年南下，企圖一舉消滅東晉，但於淝水之戰中慘敗，導致前秦霸權崩潰，兩年後被後秦武昭帝姚萇殺死。

太平盛世當中，關中地區的胡族人口才緩慢地把他們的名字改變成漢名。這樣給後來的人造成一種錯覺，好像是漢唐之間具有一定的連續性，隋唐又重新恢復了秦漢時期的古典文明。但從人口結構來說，顯然不是這樣。至少北方的人口已經經歷了一次大換血。這個換血甚至充分體現在歷代墓葬遺骸的骨骼結構變遷上面。上古時代，從周到漢的人口是有延續性的，但是經過魏晉南北朝到隋唐時期，關中華北地區的人口已經是被重新洗過一遍了。這個洗過一遍的徹底程度，大概至少相當於倫巴底[16]這些地區，儘管他們仍然自稱為義大利人，甚至把自己的祖先追溯到馬略[17]和蘇拉[18]時代的羅馬建設者，但是實際上，他們更有可能是北方日爾曼人消滅當地土著居民的結果。隋唐時期，東亞的人口結構大致上也就是這個樣子。

隋唐時期的人口替代和政治重建是一個經典案例，它代表了以後經常出現、一再出現、時間越來越快、周期越來越短的蠻族替代模式。這個替代模式，第一步是邊界之外的、組織力較強的胡人部落，闖入組織力較弱、瀕臨崩潰的中原社會；第二步是，他們在由遊牧轉為定居的過程中，將他們原有的部落結構自動變為封建結構。這一步其實是很好走的。因為真正的封建，無論是西周的封建和日爾曼的封建，其實也是部落組織在進入定居文明以後的轉換過程中的一個變形期現象。部落的長老和武士自動地就會變成封建體制下的領主，唯一的區別就是在於他們由遊牧轉為定居了。在轉為定居的初期，他們仍然能夠部分地維持他們的部落組織和部落的軍事傳統，因此他們的戰鬥力，雖然遠不如部落時代，但仍然比高度腐化和軟弱的帝國順民要強得多。但是隨著時間的推移，原有的部族傳統

李世民。李唐並非典型的漢人政權，而是沿襲北魏隋唐的鮮卑系國家政治傳統，改為漢姓。唐僧人法琳曾對李世民說：「琳聞拓跋達闍，唐言李氏，陛下之李，斯即其苗，非柱下隴西之流也。」宋代朱熹也說：「唐源流出於夷狄，故閨門失禮之事不可以為異。」有學者將這種情形視為滲透王朝，以區別於遼金元清這四個征服王朝。

⓰ 倫巴底（Lombardia），位於阿爾卑斯山和波河的義大利北部地區，首府是米蘭。

⓱ 蓋烏斯·馬略（Gaius Marius，前一五七年～前八六年），羅馬共和國將軍，凱撒的姑父，曾七次擔任執政官。他實行了軍事改革，推行募兵制，間接促成了其後的羅馬帝政（軍人君主制）。

⓲ 盧基烏斯·科爾內利烏斯·蘇拉（Lucius Cornelius Sulla，前一三八年～前七八年），曾是馬略部下，後為其政敵。馬略與蘇拉的政爭導致羅馬城三次陷落，大批元老、貴族和騎士被屠殺，前八二年蘇拉成為終身獨裁官。

作為社區核心也在不斷地削弱。最後一步是，朝廷將會重新拿起儒家士大夫的衣缽，掩蓋自己的蠻族出身，重新用官吏來統治順民。在這個過程中間，原先的武士，能夠加入官僚體制的，就會變成官僚系統的一部分；不能加入官僚系統的，就會被削弱，變得跟其他順民沒有什麼區別。

在北魏，這個過程就激起了嚴重的六鎮叛亂[19]。六鎮叛亂的根本問題是什麼呢？就是魏孝文帝的漢化改革。他的改革的實質就是，把鮮卑人和常見的部族組織改變成為漢魏晚期的官僚政治。在這個過程中，原先的鮮卑貴族只要跟著皇帝一起走、跟著皇帝做官的，都變成新的官僚體制的組成部分；原先鎮守邊塞和沒有跟著皇帝做官的人，也就喪失了原有的騎士身分，變得跟普通老百姓沒有什麼區別。後者當然非常不滿，憑著他們的武力優勢掀起了叛亂。這就是所謂的六鎮之亂，導致了北周和北齊的建立和洛陽朝廷的瓦解。可以說北魏的失敗，就是在官僚化、建立吏治國家、拋棄封建傳統的過程中，因為步驟沒有掌握好而把自己毀滅的一個顯例。但是它的毀滅並不能改變整個範式，實際上後來的北周和隋唐兩朝，走的也是同樣的路徑。

8、府兵制、雇傭兵和藩鎮之亂

唐代初年的戰鬥力靠的什麼？靠府兵。府兵是從何而來的？依靠西魏和北周的繼承。西魏和北周的府兵是從哪兒來的？答案是，來自於武川鎮的鮮卑雜胡士兵。這些士兵在宇文泰[20]的率領之下，進入殘破的關中，然後宇文泰沒有能力徵

鮮卑戰士，泥塑像。該塑像展現的是一名正在站崗的鮮卑士兵的姿態，塑像的主人公，大概也是駐紮在北部邊境。

⑲ 五二四年，由於對北魏孝文帝推動的漢化政策和官制改革不滿，負責鎮守北方邊境的軍人發動叛亂。六鎮之亂雖被鎮壓，但北魏統治基礎已嚴重動搖，不久便分裂為東、西兩部。

⑳ 宇文泰（五〇七年～五五六年），鮮卑武將，武川鎮出身。六鎮之亂後，北魏孝武帝元修因和權臣高歡決裂，於五三四年帶著情婦（也是其堂姐）投奔宇文泰，是為西魏。

收貨幣稅收，沒有能力給他們支付官僚系統的常備軍常見的固定薪餉，只能用土地來代替薪餉，把他們分封到各地，他們在那裡就自動構成了劫後農村的一個秩序中心。因為他們有最強的武力，其他武力不夠強的、沒有能力自己備馬上陣的殘餘居民就會依附他們、團結在他們周圍。因為在府兵制形成的初期，能夠參加府兵是一個階級特權的表示：第一說明你原先是從龍入關的那些部族武士的後代，就相當於是清朝跟著順治多爾袞一起入京的八旗後代，所以身分比較高；第二，你能夠參加軍隊，能夠立戰功，而戰功就是任官資格的一個主要考績，沒有這個資格，你很難擔任高級職位的。所以在這兩方面因素的作用之下，府兵在最初，地位是高於普通農戶的。

但是隨著官僚機構的日益強化，就出現了這樣的情況：府兵必須自費跟隨皇帝出兵打仗，但是收穫很少；而普通的農戶反倒可以逍遙地在家種田。而打仗的開支越來越大。在西魏和北周只掌握關中一隅的情況下——這種格局跟春秋封建的格局相差不遠，每一個封國的騎士只需要自備武裝到離自己家不遠的地方去打仗；但是一旦帝國領土擴大了以後，他們就必須備糧做幾年甚至幾十年的遠征，到邊境地區去打仗，很可能就不會活著回來了。這樣的遠征，在經濟上是極大的負擔，很容易使人傾家蕩產。結果就造成了一種矛盾的現象：原先作為一種特權階級的府兵，在唐太宗一朝征高麗、征突厥以後，卻變成了一種倒楣的象徵，因為你需要自己帶著糧食去，一直到遼東那麼遠的地方去，多半就沒有辦法活著回來了，那還不如不當府兵呢。

他沒有辦法扭轉這個局勢，最後結果是導致了武則天時代用朝廷金帛招募的雇傭兵完全取代了府兵。雇傭兵和官僚其實是一對孿生兄弟，它都表示了封建制度的崩潰。封建制度的特點是什麼呢？它的開支是極小的。無論文武官制，文武官其實是不分的，都由貴族免費擔任，擔任官職是一種特權，非貴族階級沒有資格做官，也無須承擔這樣的負擔。而官僚機構的特點是什麼呢？它是平等的，向所有順民開放，任何人都可以做官或者是當兵。但是做官和當兵只是為了待遇，做官可以得到俸祿，當兵可以得到餉銀。因此它的開支是極高的。這個巨大的開支必須由那些不當兵也不做官的順民來承擔。

從封建制度到官僚制度的演變，就意味著順民負擔的極大加重、財政的急劇膨脹和官僚機構與常備軍的迅速擴大。同時由於在封建主義下，因為出將入相，貴族既是文官又是武官，所以不存在軍隊叛亂的可能性；而依靠金帛招募的這些雇傭兵卻是很容易叛亂的。所以帝國官僚制度發展到後期的話，終歸會出現財政危機。一方面是朝廷無力支付軍餉，另一方面是雇傭來的軍隊早晚會發動叛亂。同時，順民因為是單方面承擔財政壓力，負擔越來越重，逐步也會變成流民和難民。所以這個過程像是一個系統自動崩潰，是無法改變的。

唐代末期所謂的藩鎮之亂，骨子裡面就是唐朝政府從中亞招募蠻族武士補充它原先已經喪失戰鬥力的舊軍隊，這些蠻族武士形成了朝廷難以控制的藩鎮，但是也延長了朝廷的壽命。這些藩鎮在內地日久，逐步也喪失了它的戰鬥力，於是新一批蠻族又必須闖入。在安史之亂時期為朝廷平叛的朔方軍，後來在中原日久就漸漸地失去戰鬥力，在黃巢之亂的時候就已經抵擋不住了。於是朝廷又必須進一步招募更加野蠻的沙陀人，把他們安置在太原一帶。而這個太原軍事集團，就是後來五代中四代的起源[21]。而這個軍事集團在進入中原、承平日久以後，又漸漸地抵擋不住外來的契丹人、女真人和其他集團。中原地區的居民，首先變得馴化和安全，在安全的環境中間創造出極大的繁榮以後，最後在戰爭中被消滅，然後又被新的蠻族所替代。這個替代的最後一步就是遼、金、元的相繼入侵。

9、再度打通東亞和中亞通路的元帝國

元代建立了一個世界帝國的體系，可以說是再一次重新洗過了自隋唐以來所建立的整個體系。從世界史的層面說，元代對東亞的意義就是重新打開了通向中東和中亞的道路，把中東和中亞地區比較先進的天文學和各種技術引進到東亞地

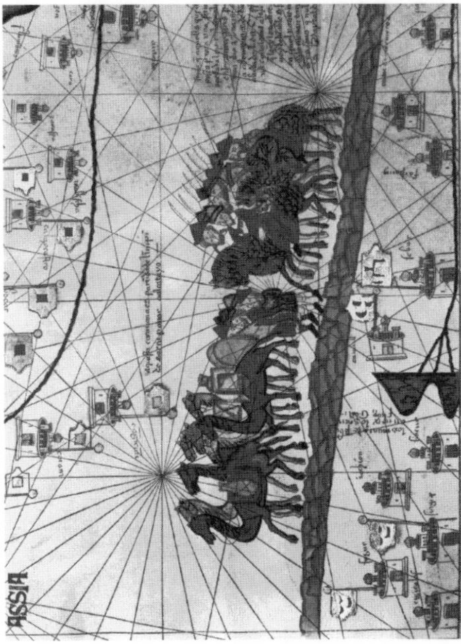

馬可波羅隊伍行進圖，手抄本繪畫，一三七五年。草原戰士確立起「蒙古和平」，商旅們又得以在歐亞大陸穿梭。

㉑ 作者此處與記載略有出入。五代即後梁、後唐、後晉、後漢和後周，其中後梁為黃巢原部將朱溫所建立，後周為郭威所建立；唯後唐、後晉和後漢可確定由沙陀人建立。另，後周代後漢時，後漢高祖劉知遠的弟弟、河東節度使劉崇在太原即位，史稱北漢，後被北宋攻滅。

區。從儒家士大夫的角度來看，元代是一個不規範的朝代，但這實際上恰好是它的力量所在。經過元代的震盪以後，北方，甚至江淮一帶就變成一個馬賽克鑲嵌的路徑，嵌滿了遠及高加索、東歐和西亞闌入的各個部族。而大汗在大都的朝廷中，則佈滿了來自於中亞的基督教徒和伊斯蘭教徒、天文學家和其他學者。沒有這一次巨大的震盪，那麼晚近時期東亞的整個文明體系可能都重建不起來。像是元明時期，所謂郭守敬編制的曆法和整個明代編制的曆法，骨子裡是元代從中亞穆斯林那兒引進的。在元代後期和明朝初期，逐步普及到東亞全地，後來變成蘇淞地區主要經濟基礎的棉紡業，也是在這個時期通過安南路線，從海道，從南方引進的。有一點可悲之處就在於，吏治國家龐大的官僚組織在技術創新這方面是非常乏力的。他們甚至在最貼近日常生活的飲食和醫療這一方面，都嚴重地依靠那些比它小得多、而且被貶稱為蠻族的小族群。像是棉紡品取代亞麻這件事情，明顯就是跟南方的百越部族和印度支那半島那些小邦有關。後來在宋元明清四朝，逐步取代原有稻種和作物的占城稻、雙季稻和三季稻，其實也是從馬來半島和中南半島的山越人那兒引進的。

宋元以後，南方的朝廷對山越人的征服是一個很奇特的過程：一方面它是一個征服者通過建立男性家長制為核心的少數大家族的堡壘，逐步吸收和同化原有部族酋長，通過偽造族群歷史吸收南方山地各族群的過程；另一方面，又是這些族群在他們瓦解的過程中，把他們積累的技術成果向中原地區擴散的過程。可以說，這個過程是一個殺雞取卵的過程，王朝在打破南方這些小族群的過程中，毀掉了東亞地區仍然保存著最後一批基因多樣性的寶庫，這一次最後的釋放得到的

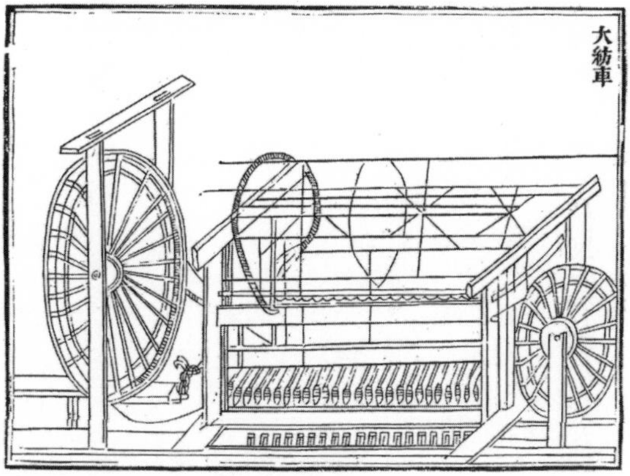

上圖：現今中國發行的黃道婆郵票。
下圖：宋元之際的紡車。

松江（今上海郊區）的棉紡織業之發達，除了和棉花引進中土之外，「宋元之間始傳其種於中國，關陝閩廣首獲其利，蓋此物出外夷，閩廣通海舶，關陝通西域故也。」此外也和松江的黃道婆到海南島四年，取得先進的棉紡織技術有關。而海南島的紡織技術則來自印度。

物質資源和文化資源支援元明清三朝帝國度過了最後五百年的剩餘時光。

10、明清上層社會的創新枯竭

以後的技術輸入，就要依靠更遠的——來自西方和日本的輸入。在明朝剛剛建立的時候，東亞上層社會在文化創立這方面的枯竭已經很明顯了。甚至明成祖的神機營這樣明顯的保衛皇帝的最核心部隊，他們所依賴的，都要依靠安南的火槍手[22]。安南並不是什麼火器的發源地，而他們的火槍居然能夠比元明政府掌握的火槍更先進，是一件非常奇怪的事情。這就暗示著，在朝廷本身不重視的正史之外的秘密管道，士大夫體制壓迫下的整個暗渠還有一個通向西方的技術輸入源。這條技術輸入源很可能是阿拉伯人開闢的那條南洋運輸線。

技術落差的線路大概是從歐洲到奧斯曼帝國，到波斯，再到印度，然後通過中南半島到明朝。你從鄭和船的結構就可以看出，整個技術是近東地區模仿歐洲產生出來的先進技術；然後波斯地區再模仿近東地區產生相對先進的技術；這個技術傳到蒙兀兒的時候，已經是不那麼先進了，但對於印度各邦來說，來自於中亞和波斯的征服者仍然是可怕和難以抵擋的；但這些東西再進一步傳到東亞，相對於明朝政府原先掌握的那些技術來說，仍然是非常先進的。這個技術方面的歧視鏈，或者說是流通鏈，是一直延續到清朝前期都沒有改變的。

由於東亞帝國廣土眾民的性質，所以往往會給人一種誤解，就是說，如果你

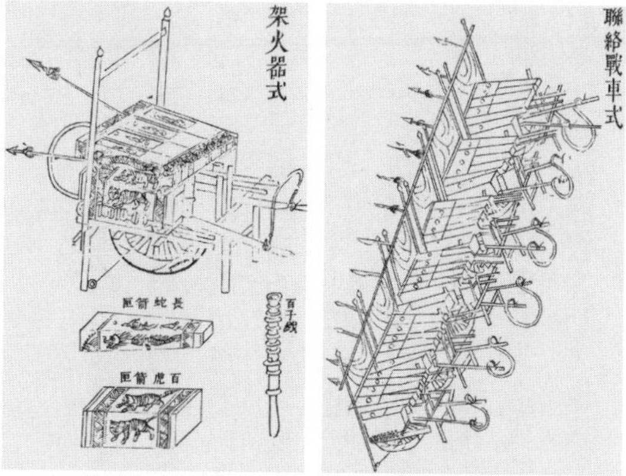

《武備志》中的架火戰車圖示。明朝時將火器統稱「神機」一詞，有專門的火器部隊稱作神機營，而火器的技術來源，是明成祖平交阯後，而得神機槍砲法，故置神機營。

㉒《明史．兵志四》：「至明成祖平交阯，得神機鎗礮法，特置神機營肄習。製用生、熟赤銅相間，其用鐵者，建鐵柔為最，西鐵次之。大小不等，大者發用車，次及小者用架、用樁、用托。大利於守，小利於戰，隨宜而用，為行軍要器。」這期間，越南胡朝王子胡元澄（Hồ Nguyên Trừng，一三七四年～一四四六年）被俘，他因「善造神槍」，獲明廷赦免並重用，官至工部尚書。

征服了大片土地或者殺戮了大量人口，造成傷亡數十萬人的重大戰役，就會給人一種印象：你的戰鬥力彷彿非常強。但是真正比較起來就不是這個樣子了。從明朝末年的戰爭你就可以看出，極少數的、來自澳門的黑人火槍手[23]可以輕而易舉地抵擋為數數萬的清軍。鄭成功在對荷蘭的戰爭中培養出來的那些極少數藤甲兵，是清朝在對付北亞哥薩克人時唯一的憑據[24]。清軍對明軍的優勢是很明顯的，但是康熙帝用了全國絕大部分大炮來包圍雅克薩那些為數只不過一百多人的哥薩克非正規軍，竟然經年累月攻不下這座城市[25]，死亡的哥薩克人大部分都是由於疾病和寒冷或物資缺乏造成的，很少有人真正死於清軍的進攻。而這些哥薩克人如果放到歐洲去的話，也只有資格當輔助部隊。俄羅斯帝國的部隊在面臨著波蘭和瑞典軍隊的情況下，經常是幾萬人打幾千人，而且還不一定打得贏。而波蘭和瑞典人呢，他們的部隊中間，最核心的部隊，也就是從德國引進的少量雇傭兵。而這些德國雇傭兵，在尼德蘭[26]和西班牙戰爭中，明顯不是西班牙和法蘭西軍隊的對手。

這條線路是很明顯的，就是說，在歐洲的中心，尤其是在法蘭德斯[27]和倫巴底這兩個戰爭最密集、小邦最多、軍事金融革命來得最快的地方，軍事技術演化是最為迅速的。然後這個技術中心向周圍地區不斷地輸出技術。離核心地區越遠，輸入技術的時間越晚，輸入的技術就越落後；越是接近於這個中心，你就可以越早地得到比較先進的技術。從中心地區派出的少量的人馬，在邊緣地區都會給人以一種極其可怕、極為強大的印象；而邊緣地區的極為龐大的軍隊，實際上在技術上是非常落後的，差不多在中心地區的戰爭中只能充當觀眾的作用。

㉓《芝峰類説・災異部・人異》：「劉提督綎，乃四川總兵。萬歷癸巳，領蜀兵出來，其軍有海鬼者出南蕃，面色深黑如漆，能潛行海底，而其貌如鬼，故名。」《朝鮮王朝實錄・宣祖實錄》：「庚戌，上幸彭遊擊（信古）處，設酌……遊擊曰……且曰：『帶來異面神兵，使之進見。』上曰：『何地之人，而何技能為耶？』遊擊曰：『自湖廣極南波浪國人也。渡三海，方抵湖廣也，距朝鮮十五萬餘里也。其人善鳥銃及諸武藝。』曰：一名海鬼。黃瞳漆面，四支手足，一身皆黑。鬚髮卷卷短曲，如黑羊毛，而頂則禿脱，一匹黃絹，盤結如蟠桃狀，而著之頭上。能潛於海下，可伐賊船，且數日能在水底，解食水族。中原人亦罕見也。」（宣祖三十六年五月二十六事）

㉔《清史稿・列傳六十七》：「（康熙）二十四年，詔選八旗及安置山東、河南、山西三省福建投誠藤牌兵，付左都督何祐率赴盛京，命朋春統之，進剿羅剎……」

㉕十七世紀時，俄羅斯帝國向遠東西伯利亞方向擴張，進至黑龍江流域時，與清朝發生軍事衝突。一六八五（康熙二十四）年，清朝軍隊三千人圍攻帝俄殖民據點雅克薩（Yaksa，俄名阿爾巴津），城內俄軍投降，事後有五十個哥薩克人被康熙帝招為禁軍，編入鑲黃旗，駐守北京東直門；翌年俄軍捲土重來，清軍再次圍攻雅克薩，唯該城堅守長達十個月。一六八九年，清俄宣布議和，簽訂《尼布楚條約》。

㉖尼德蘭乃「荷蘭共和國」之正式稱呼（尼德蘭七省共和國，De Republiek der Zeven Verenigde Nederlanden），唯因荷蘭省係政治中心所在，故中文世界仍慣稱其為荷蘭。

㉗法蘭德斯（Vlaanderen，意為「泛水之地」），範圍包括今法國東北部、比利時西北部和荷蘭西部。

帝國最核心的成員，在清朝中葉的時候，已經感到了危機的存在，例如雍正皇帝。他跟俄羅斯帝國打交道的時候，有一個重要的目的就是要求俄羅斯人把伏爾加河上游的土爾扈特人[28]放出來交給他。因為他在對準噶爾的長期戰爭中發現，原有的滿蒙騎兵已經不大中用了。在他看來，土爾扈特人這支武裝部隊在他的帝國武裝中仍然算是強者。但是在俄羅斯人看來，這些部隊其實在對土耳其蘇丹的戰爭中，頂多是當輔助軍隊的料。土爾扈特人在後來的乾隆朝當真向東方遷移的時候，他們面臨的主要敵人甚至不是俄羅斯人，俄羅斯人沒有費心去追他們，騷擾他們的都是一路上的巴什基爾人[29]、哈薩克人、吉爾吉斯人這些部族。但是他們在到達伊犁河流域的時候，仍然能夠發揮乾隆皇帝所希望的那種作用：他能夠有效地填補準噶爾敗亡所留下的政治真空，有效地壓制南方的穆斯林，有效地為日益衰退的滿蒙八旗看守西北邊境。

等到接近林則徐時代，道光朝初期的時候，南方各地的安南海盜在福建和廣東附近的沿海橫行。他們的力量也就是通過越南內戰，能夠得到法國天主教士和法國殖民者給他們提供一部分仿製的火槍。而僅僅是這一部分仿製的火槍，已經足以使他們打敗廣東的水師部隊，使南方的貿易遭到嚴重的威脅。在這種情況下，只有葡萄牙人才能夠鎮壓他們；而朝廷只能夠採取招安和收買的方法，用封官許爵的方法把他們納入自己的統治體系之內。廣東水師對付海盜的情形，在某種意義上講，也就預示了未來鴉片戰爭的結局。鴉片戰爭不是別的，就是海路重新打開以後，歐洲核心區的軍事技術突然越過了原先是逐步下降、坡度平緩下降的軍事技術衰退的鏈條，突然由軍事技術最先進的地區一下子直接接觸到軍事技

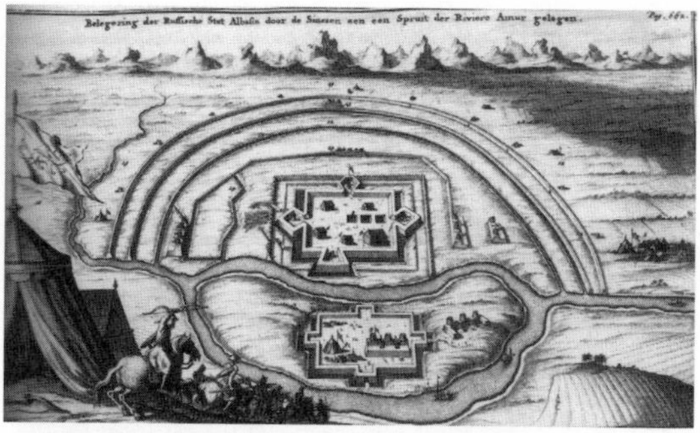

雅克薩城防圖。如圖所見，俄軍修築菱堡（Bastion）作為防禦工事，少量士兵即夠守城之用，使得清軍束手無策。

土爾扈特部卓裡克圖汗之印，乾隆四十年（一七七五年）九月禮部所造。

㉘ 土爾扈特部（Torguud，意為「近衛軍」），與準噶爾同屬衛拉特蒙古。因受準噶爾壓迫，土爾扈特人於一六二八年西遷至伏爾加河建立汗國。一七三一年，雍正帝派遣使者，希望與土爾扈特部夾擊準噶爾，但被帝俄以對準噶爾友好為由代拒。其後帝俄勢力不斷滲透土爾扈特，最終在一七七一（乾隆三十五）年，土爾扈特部在首領渥巴特的帶領下，復又向東遷移；在試圖占領伊犁未果後，土爾扈特人向清朝投降。

㉙ 巴什基爾人（Bashkirs，在突厥語中解作「領頭狼」），居住在烏拉爾山脈南坡及其附近平原的突厥部族，信仰遜尼派伊斯蘭教。

術最落後的地區。以前，軍事技術衰退是經過一系列傳導鏈，每一級都只比上一級的技術稍微低一點。等到傳導到亞歐大陸的最東端，闖入的武士集團只是比當地非常衰弱的大軍稍微強那麼一點點。現在海道打通以後，歐洲最核心地區的最先進軍事技術會赤裸裸地直接面對著東亞而來，這樣立刻就會造成摧枯拉朽式的打擊。於是，遼金元清形成的整個天下帝國體系，在這樣的打擊之中陷入完全崩潰的狀態。

11、晚清的華夏士大夫發明民族

此後的一百多年，東亞的問題就是，怎樣把西歐封建主義在幾百年中演化出來、通過殖民主義向全世界播種的這個世界秩序，和自己原有的以內亞為中心的天下秩序融合在一起。這個過程創造了一個機會，使遼金元清以來長期在軍事上不利、因此處在被壓迫狀態的華夏士大夫得到一個解放自己的機會。從世界史的角度來看，他們的地位很像是緬甸南部的孟族人[30]，或者是印度的印度教徒。在西方殖民者帶著他們的世界秩序闖入以前，他們的地位越來越糟糕，被從內亞闖入的蠻族壓制得越來越徹底。遼金元清最初看起來跟鮮卑人建立的隋唐是沒有區別的，但是他們對於華夏傳統的尊重卻遠不如隋唐：隋唐還願意改姓李姓，假裝自己是漢魏的後裔；而遼金元清呢，就要堅持自己的部族傳統，公開把南方人貶低到帝國等級地位的底端，變成純粹依賴性的奴隸勞工一樣的人，把政權壟斷在

上圖：梁啟超。下圖：章太炎。

晚清的華夏士大夫之代表，當推梁啟超和章太炎。梁是廣東人，最早提出中華民族這一概念，被認為是近代中國民族主義的奠基人之一。他的《新中國建設問題》、《中國立國大方針》等文章也是以新發明的「中國」為架構和前提而寫就。章太炎是浙江人，不滿於滿清的外族統治，奠定了貫穿其一生的華夷觀念，他的夷狄觀和西方的現代民族主義觀點相結合，形成具有其個人特色的民族主義觀。

㉚ 孟族人（Mwan），緬甸和泰國地區許多早期王國的建立者，後來在十一世紀被緬族征服。目前孟族僅占緬甸總人口的百分之二，為第六大的少數民族。

保留部族傳統的核心成員手中。

這樣的發展趨勢如果一次又一次地進行下去，在元清相繼滅亡以後，如果準噶爾人或者其他內亞遊牧民族，順著原先的路線再一次入侵東亞的話，他們還願不願意幫忙延續儒家的文化就很成問題了。因為沒落的文明，按照埃及、波斯的先例，最初他們還能夠以同化能力自居，指望進入自己境內的蠻族會接受自己的語言和文化。但是這只限於剛開始的蠻族。波斯以前的西克索人和努比亞人[31]還願意冒充法老；波斯[32]以後的希臘人[33]和羅馬人[34]就再也沒有這樣的興趣了。大清帝國建立的這個內亞雙重體系，很可能就是闌入部族願意繼續延續儒家士大夫傳統的最後一代。

如果大清衰弱的時候，西方秩序還沒有進入東亞的話，那麼，軟弱的江東士大夫階級能不能夠維持自己的身分是很成問題的。但是，西方秩序一來，可以說是更高的文明壓制了原有的內亞體系，使得江東士大夫得到了解放自己的機會。這跟印度帝國的情況是很相似的。印度教徒本來已經快要被穆斯林消滅乾淨了，但是英國人趕走了穆斯林，把穆斯林和印度教徒統統變成大英帝國的臣民。這種情況下，印度教徒可以憑藉自己的人口優勢，重新奪回對穆斯林的主動權，把印度重新變成一個印度教徒的國家。如果沒有這樣的趨勢的話，按照德里蘇丹國[35]和蒙兀兒帝國[36]以來的發展趨勢的話，恐怕印度早晚會變成一個穆斯林國家的。江東士大夫在殖民主義體制之下的真實處境也就是這樣的。

但是他們為了自己的面子，就發明了一個神話，把大清當成一個純粹的中國，忽略了大清本質上是一個內亞體系的事實，假定存在著一個五千年的中華文

[31] 起源於現在埃及南部、蘇丹北部的一個民族。努比亞人曾受古埃及人統治，後來征服埃及，建立第二十五王朝。

[32] 前五二五年，波斯國王岡比西斯二世擊敗了第二十六王朝的末代法老，征服古埃及。他接受了埃及法老的稱號，是為第二十七王朝。其後，埃及歷經短暫的獨立期，又再被波斯帝國征服，是為第三十一王朝。

[33] 此處指亞歷山大大帝的部將、後建立托勒密王朝的托勒密。亞歷山大被埃及祭司尊為法老，而作為「繼業者」之一，托勒密本人則自立為國王（Basileus）。

[34] 對於埃及行省，羅馬元首（皇帝）按照私人領地處理，直接派遣總督進行統治。

[35] 古爾王朝滅亡後，其德里總督庫特布丁·艾伊拜克自立為蘇丹，是為庫特布沙希王朝；後又歷經卡爾吉王朝、圖格魯克王朝、賽義德王朝和洛迪王朝，最終亡於蒙兀兒帝國。因這些王朝的都城都在印度德里，故合稱為德里蘇丹國，而這期間的諸王朝均信仰遜尼派伊斯蘭教。

[36] 帖木兒帝國衰亡時，帖木兒的後裔巴布爾向印度進攻，並攻陷德里，建立蒙兀兒帝國。至一七零七年，帝國第六任皇帝奧朗則布去世後，國勢轉衰，後被英國東印度公司擊敗。

明，而且在西方秩序闖入以前，這個中華文明仍然具有天下體系的威儀，可以跟西方的體系平起平坐；然後假定南方的士大夫，講漢語的士大夫，是這個文明的當然繼承人，他們可以在驅逐西方勢力以後，重新建立一個跟西方平起平坐的體系。這個神話中的絕大部分都是捏造出來的。道理很簡單，就是，清政府的天下體系，主要就是中亞蠻族的體系。他們的主要語言，包括簽署尼布楚條約的官方語言，始終是滿語而不是漢語。明朝的十八省被拘束在禮部所管轄的這個狹小範圍內。有清一代大部分外交活動是通過理藩院用滿語進行的。滿洲朝廷跟朝鮮、跟中亞各部族、跟俄羅斯人進行各方面交涉，並不受儒家那一套禮法的約束。而正是這種實用主義外交，才為大清帝國贏得了它最後的輝煌。在這個體系中間，江東的士大夫發揮的僅僅是一個奶牛的作用。

但是，這個體系只有在滿蒙的騎士能夠利用他們的中亞武士供應源維持東亞的秩序的情況下才能維持，在西方秩序來臨以後，維持秩序的主要力量很明顯就變成大英皇家海軍了。於是在僧格林沁敗死以後，滿蒙貴族自己變成了這個體系的多餘人。而南方的士大夫階級開始考慮，像法納爾人[37]企圖繼承奧斯曼帝國和印度教徒企圖繼承英印帝國一樣，準備根據西方殖民主義引進的新技術重新發明一個中華民族的概念，用這個中華民族的概念頂替遼金元清以來的內亞世界帝國的概念，把這個新造的發明安置在東亞世界殘餘上，借用西方的力量驅逐滿蒙內亞的勢力，然後再反過來把西方驅逐出去，建立他的新體系。

我們熟悉的、教科書講述的近代史，大體上是按照這種史觀編寫的。由於它實際上跟江東士大夫的組織力量和意識形態力量並不相稱，所以他們執行這個計

一九〇五年大清給英國的國書，依舊用滿文書寫。英國稱為大英國，滿文直接譯作 Amba Yeng Gurun。

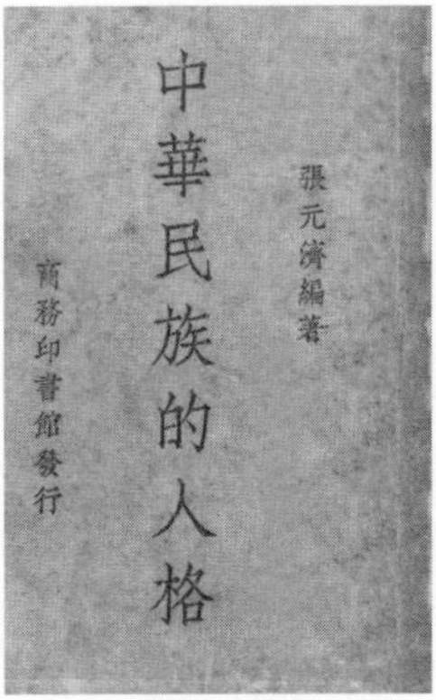

《中華民族的人格》，商務印書館一九三七年出版，張元濟著。在一九三〇年代，出現大量以「中華民族」的概念加以論述的作品，中國的國族製造運動達到高潮。

37 東羅馬帝國滅亡後，相當一部分希臘人，仍然繼續居住在伊斯坦堡。由於他們分佈在城內的法納爾區一帶，因此獲得了「法納爾人」（Fenerliler）的稱呼。十八世紀，法納爾人逐漸掌握鄂圖曼帝國的外交政策，甚至控制了中央官僚機構。

畫，到半成品狀態的時候就出了大毛病。南方士大夫確實通過摘桃子的方式解散了大清帝國的天下體系，但是解散的結果並不能使他自動繼承天下體系，而是導致了滿蒙藏的邊疆危機和列強干預的危險。因為大清本質上是一個多元體系，多元體系解散了以後，原先的關外各個族群並不願意自動地接受既成體系。最後在列強的壓力之下，中華民國以一種非常類似神聖羅馬帝國[38]或者是日爾曼邦聯[39]的方式，繼承了大清在條約體系中的位置。但是這樣做付出的代價就是，它雖然繼承了大清的位置，但是它內部的憲法結構必須服從大清在其結束之前簽署的條約體系所構成的這個架構，也就是說，國內的憲法結構必須服從條約體系的需要。中華民國名義上繼承了關外的各個領土，但是它繼承的方式使它必須把自己的內部結構改造成條約體系能夠允許的聯邦或邦聯形式。允許這種政治實體在一定程度上維持自己原有的政治個性，而且同時又要允許列強在這些特殊地區保留特殊的條約權利。

這種複雜而微妙的格局是很難長期維持的。這樣做等於是在東亞造成了一個類似於什列斯威．霍爾斯坦[40]這樣的複雜的多元邦國。這樣的邦國，你很難說它是應該屬於丹麥王國還是應該屬於日爾曼邦國的，因為所有各邦都對它享有一定的條約權利和歷史權利。而中華民國推翻滿清以後，建立的這個新體系，也就留下了像東北、西藏這樣類似霍爾斯坦的邦國。許多列強和當地的族群都有各式各樣相互衝突的地方性權利、歷史權利和條約權利。要想同時滿足各方的要求，在技術上是不可能的。中華民國實際上只是在列強調停之下達成了一個臨時的維持現狀的協定，希望時間能夠解決問題。但是時間並不能解決問題。最終解決問題

㊳ 九六二年，德意志國王奧托一世在羅馬由教宗約翰十二世加冕，稱皇帝，是為神聖羅馬帝國的開端。帝國歷經興衰，中後期由哈布斯堡家族把持帝位，一八〇六年八月六日，因被拿破崙脅迫，弗朗茨二世宣布解散神聖羅馬帝國。伏爾泰曾有關於該帝國的名言：「既不神聖，也不羅馬，更非帝國。」（Ce corps qui s'appelait et qui s'appelle encore le saint empire romain n'était en aucune manière ni saint, ni romain, ni empire. 見《Essai sur l'histoire générale et sur les mœurs et l'esprit des nations》，漢譯本《風俗論：論各民族的精神與風俗以及自查理曼至路易十三的歷史》）。

㊴ 一八一四年反法同盟諸國在維也納召開國際會議，討論法國局勢及歐洲勢力重整等問題。為團結德意志各邦國計，會議決定成立日耳曼邦聯（Deutscher Bund，一八一五年～一八六六年），以取代被解散的神聖羅馬帝國。

㊵ 什列斯威（Schleswig）和霍爾斯坦（Holstein）是位於德意志北部的兩個公國（也稱為公爵領地）。霍爾斯坦公國在中世紀屬於神聖羅馬帝國，一八一五年後屬於德意志同盟，但丹麥國王是其君主；什列斯威公國北部居住的主要是丹麥人，而南部居住的主要是德意志人。一八六四年的普丹戰爭，就是因這糾紛而爆發。一九二〇年，北什列斯威進行公民投票，決定與丹麥合併。一九五五年，德國與丹麥再次簽署相關條約。

仍然只能是依靠戰爭。戰爭的主要後果就是證明，南方的士大夫無論他們在意識形態方面製造神話的本領多麼高明，憑他們自己的資源和力量，他們無法完成建構現代國家的使命。真正能夠建構現代國家的組織力量，仍然要依靠從蘇聯輸入的列寧主義政黨[41]。

12、國共兩黨的組織資源由蘇聯輸入

北洋政府統治的最後十年，不僅是山海關外的其他的民族實體，而且關內的各個實體也明顯處在解體的過程之中。像孫傳芳、吳佩孚這種人，等於是漸漸地開始越過北京的外交部，跟蘇聯和日本推動事實的外交。而且各省之間開始相互達成具有準條約性質的攻守同盟和其他體系。北京的政府漸漸地被架空了，越來越依靠列強的海關支持和外交支持，維持一種空洞的存在。在這種情況下，如果蘇聯和日本沒有積極干涉，國共兩黨沒有從蘇聯取得它的列寧主義組織機器的話，那麼可以合理地推斷，這樣的一個中華民國的前途也就像美洲獨立後的大哥

倫比亞共和國[42]或者是墨西哥帝國[43]一樣，最後的結果還是進一步解體為各個地方性小邦。

無論是北京的中央政府還是地方上的某些特殊的強人，雖然可以取得局部勝利，但是誰都沒有表現出有能力和欲望完成重新整合這個體系的要求。能夠完成這個體系重新整合任務的，也就是國共兩黨。而國共兩黨的基本力量和組織資源

中共一大會址。中共一大一九二一年在上海召開，中國共產黨誕生。促成該次會議的是蘇聯共產國際。共產國際代表馬林、共產國際遠東局書記處兼赤色職工國際代表尼克爾斯基是這次會議的實際主導者。

41 詳見作者前著《遠東的線索：西方秩序的輸入與中國的演變》，八旗文化，二〇一七年。

42 十九世紀初，拉丁美洲爆發獨立戰爭，西蒙．玻利瓦爾於一八一九年創立了大哥倫比亞共和國（Gran Colombia），領土包括今委內瑞拉、哥倫比亞、厄瓜多、巴拿馬，以及哥斯大黎加、秘魯、巴西、蓋亞那的小部分。唯該國歷時很短，成立僅十二年即解體。

43 指墨西哥第一帝國（Imperio Mexicano）。一八二一年成立，兩年後改為共和國；與此同時，現代墨西哥以南的中美洲乘機獨立，建立中美洲聯合省（維持十年後旋又再解體）。

並不是中華民國內部所能產生的，仍然要依靠蘇聯來輸入。它能夠建國成功，仍然要依靠蘇聯、日本衝突造成的國際體系的演變。最後的結果，造成了一種我們現在所看到的這種托勒密式的體制[44]。大清的疆土在基本完整的情況下得以保存，但是它卻不是保存在華夏社會內生的力量手中，恰好相反，它必須依靠外來的列寧主義政黨，而列寧主義政黨汲取資源的方式恰好就是要粉碎華夏社會原有的社會組織。

我們都知道，從孔子時代到魏晉南北朝時代，是一個門第取代貴族的過程；從唐代到宋明時代，又是一個士紳取代門第的過程。每一次取代過程都包含了兩層：第一是原有居民的滅亡和人口替代；第二呢，就是新成立的社會組織在組織力和動員力方面，是不如原有的組織的。明清士大夫跟魏晉南北朝和唐代初期的門第相比，是一個非常軟弱的存在；而這些門第跟孔子時代的貴族相比，又是一個非常軟弱的存在。而列寧主義國家產生的主要後果就是，連這個極其軟弱的存在——士紳和清朝末期重新成長起來的鄉紳階級，也徹底打碎了。把它們原有的組織力量和資源全部整合到列寧主義的集權主義國家之中。在完成了這次整合之後，列寧主義政黨才有足夠的資源建立它的新的國家體制。

於是這個國家自己就變成了托勒密式的自相矛盾：國家和社會是矛盾的。如果你要維持這個國家，那麼你必須容許這個國家行使法外的權力粉碎社會，在粉碎社會的過程中間汲取資源來維持自身。這樣一個國家，它能夠實現社會原先重建大一統國家的願望，但它卻要毀滅社會自身。如果你不喜歡這個國家對你進行這個法外的榨取和破壞，那麼，驅逐掉這個外來的組織因素以後，你原有社會產

上圖：馬恩列斯毛瓷版畫。下圖：為革命而鍛煉身體。

列寧主義國家的國家體制是，國家和社會是托勒密式的自相矛盾。如果你維持這個國家，就必須行駛法外權力粉碎社會，並從中汲取資源以維持自身；但如果你要驅逐外來的組織因素，你原本社會的組織資源又能力法整合，只能變成破碎的多國體系。

㊹ 托勒密王朝統治埃及時，實施極為嚴密的稅收制度和嚴格的壟斷經營。雜賦種類既多，且又份額繁重，例如土地、房產、園圃、家禽、牲畜、奴隸、人頭、財產繼承、買賣交易、關卡交通等等均在課稅之列；另一方面，托勒密政權除壟斷礦藏、鹽、酒、香料、玻璃、陶器等物資外，也對國際貿易（出口業）、錢莊（金融業）等行業進行干預。

生出來的最強大的組織資源都不足以使你整合起來，你頂多能夠製造一些小團體，一些宗族團體，一些地方紳商搞出來的軍紳政權，但是你沒有辦法把整個東亞大陸整合在一起的。沒有一個列寧主義政黨，你面臨的就是一個破碎的多國體系。你要推翻這個多國體系，重新恢復帝國的版圖，那麼你就需要引入一個本地社會不能夠產生的巨大組織力量。

13、新中國的本質是外來組織對本土社會的征服

儘管蘇聯的干涉和列寧主義政黨的引入多多少少具有偶然性，但是在這個偶然性造成既成事實以後，你就很難用一連串來自於西歐的政治語言的遁詞把它打發掉。列寧主義組織在東歐產生，本身就是西歐秩序向東延伸的結果，它能夠粉碎俄羅斯原有的社會結構，但卻沒有辦法粉碎歐洲本身的社會結構；但是它進一步向東延伸，卻能夠粉碎東亞和第三世界的原有社會結構。這本身就很能說明問題了。因為社會組織結構的頑強程度和自我維持的生命力，本身就是一個秩序輸

出和輸入的問題。很明顯，列寧主義國家產生、碰壁和輸出的整個過程，就已經體現了世界秩序的實質問題。

世界秩序的中心仍然是在歐美和西方，他們的社會組織不但有能力產生秩序維持自身，而且有能力向外輸出。因此在歐美社會內，共產主義的滲透是失敗的。但是在周邊地區，它的社會組織要軟弱得多、要單薄得多，因此共產主義的滲透就能夠成功。對於歐洲，共產主義是一個解構的力量，所以波蘭或者東歐這種地方把列寧主義驅逐出去後，重新回到它原有的基督教社會組織，重新加入歐洲。但是在東方，像是在中國和朝鮮這樣的地方，列寧主義組織，它本身就代表了一種儘管是西方叛逆者、仍然擁有西方組織力量的一種秩序輸入。列寧主義的輸入，強化了東方原來已經渙散而接近潰敗的社會組織，使它在表面上捏合起來，變得一個國家的樣子，儘管它的實質並不是國家。

這樣就產生了極為嚴重的問題。你這個政治實體可以冒充是一個國家，但是它不具備國家的性質，它是外來的，它存在的本身就是外來組織對本土社會的征服。如果你用國家的標準去衡量它，就會出現很多荒誕的、不合理的理論。

例如說它是專制主義或者是其他什麼主義，言外之意就是，它是一個國家，是由社會本身產生出來的國家，只是在該社會產生政治組織的過程中出了偏差，你加以糾正就可以改變。但是它恰好是不能加以糾正的。如果你成功地糾正了它在這方面的錯誤，或者說是成功地迫使它同意了這些糾正，那就等於是殺了它。因為它正是依靠這些武斷的做法才能夠維持。一個外來的寄生性組織，如果失去了行使武斷權力、失去了榨取資源的能力，它很快就會死亡。

而在它死亡的過程中間，也會使沒有能力自己組織現代國家的這個社會露出它應有的本相：一個破碎而潰敗的社會。你不能夠假想自己的社會跟波蘭人或者是匈牙利人一樣，原先是完整的，只不過是暫時被外來征服者掩蓋了一部分；而恰好相反，在外來征服者侵入你以前，你本身已經是處在註定要產生張獻忠此類人物的狀態中。一旦失去了這個外來的組織輸入，過去的王朝末日、充滿大型屠殺、城池被焚毀等文明解體的場面，將不可避免地出現在你面前。

如果要用緩慢和自發生長的方式重新建立一個新社會，那麼真正的問題就是，在巨大的汲取壓力日益上升的情況下，如何保護這些新的小團體，不讓它在襁褓之中、在最脆弱的階段就遭到掠奪而喪失自己的生命力。這個答案應該就是，你不能讓這個實體承擔一個真正國家的使命，不能讓它去加入西方國際體系所習慣的那種列強爭霸的遊戲，因為它沒有能力承擔這樣的重負。

如果一定要走上這樣的道路，它最終仍然不得不加強它對社會的榨取程度，無論是直接榨取，還是採取什麼間接技術手段。而這個汲取的過程，又將重新破壞勉勉強強生長起來的、非常脆弱的小共同體，然後留下一個更加散碎的社會。

14、國共兩黨的神話體系

這裡面整個的問題，從最根本上來說就是這一點。你用神話來替代歷史，誤解自己的真實地位，是一件極端危險的事情。

我記得有一位東德的科幻小說家，曾經描繪過一個特殊的外星文明，這個外星文明的人，不是生活在星球表面上，而是生活在星球的內部。這個星球只有薄薄的一層，像一個空心的球體一樣。他們也像其他星球的人一樣想探索外太空，於是就鑿穿了他們的星球。結果是，星球內部的空氣全部漏到外太空去，整個文明就這樣滅亡了。之所以他們會這麼做，是因為在他們的科學體系中，他們不肯承認自己這個體系的特殊性，堅持要把他們這個體系當成一個普通星球。把自己放在一個錯誤定位的結果就是，你不可避免地要根據錯誤的定位做出錯誤的決策，最後把自己毀掉。

我們回顧最近這一百年的歷史，西方秩序入侵以後，依據這個秩序、重建東亞文明體系這個過程中，每一次的毀滅都是由於誤解了自身的實際地位所造成的。國民黨如果能夠清醒地認識到自己是依靠列寧主義秩序重新整合東亞各地的一種工具，那麼它絕不會假定自己是五千年文明的後代，絕不會認為自己有力量在東方和西方之間占據獨立的地位，能夠既抗擊蘇聯又抗擊西方帝國主義。如果它能夠意識到自己的脆弱和依附地位，在蘇聯勢力集團和西方勢力集團之間，能夠做出一個明智的決斷，能夠安於依附地位的話，也許它現在還不會毀滅。

然而，這又是不可能的。因為，它既然已經製造了神話，把自身的合法性寄託在重建中華文明、五千年文明的復興、建設新中國這一類說辭之上，它就不得不承擔自己的組織和能力所不能支援的巨大任務。承擔這個巨大任務的結果就是把它打回原形。

共產黨在它執政的最初階段，承認了自己的地位，首先安於做蘇聯的小兄弟，然後又安於做西方的依附者。但是這個地位對它來說是不體面的，很難為它自己在奪取政權中採取的各種手段做辯護。如果它的目的僅僅是為了得到這個地位的話，那麼它奪取政權的種種手段就顯得是太不合法了。因此它必須為自己安置一個更大的使命，就是國民政府曾經為自己安置的那個偉大的民族復興的使命。

然而，這個使命的本質，實際上是要求改變從近代以來，整個東亞社會在世界體系中的整體地位。毫無疑問，這樣一個巨大的震盪，從性質上來講，不僅超出了清末以來遠東國際體系的整個震盪，而且已經超出了蒙古世界帝國解體以來，整個世界格局的演化所能容許的程度。

15、歷史必須為中國重新定位

如果不能夠整體上調整一下自己的認知結構，把東亞作為一個文明體系在世界文明體系中的位置、把東亞地區的政治實體在當代國際體系中的真正位置理順一下，我想，在不算太遠的未來，我們就會面臨著極為嚴重的衝突和非常危險的結局。

有一個笑話說的是，很多問題都是翻譯造成的。例如，封建的翻譯、資本主義的翻譯，都是因為當初引進西學的時候不用心，給它一個錯誤的定義，於是後來人必須根據這個錯誤的定義重造自己，結果造成了極其嚴重的後果。現在，中國這個概念的情況其實也類似。表面上看跟大多數人沒有什麼關係、只跟極少數學者有關係的歷史理論，已經變得不再是無關緊要的東西了。歷史必須負責為中國完成一個重新定位的過程，重新解釋一下中國是什麼，而且這個解釋必須符合東亞在過去兩千年時間內形成的文明演變，和它在世界體系中的位置。

這個任務並不輕鬆。因為如果你的建構是錯誤的，或者說你以為這個建構需要在遙遠的未來才能實現，你就完全可以在現在吹一個大牛，等到遙遠的將來你的子孫後代去承擔後果，那麼你會發現，在比你想像的要近得多的時候，國際體系自身的運作和生命意志，就已經把你放在一個極度危險的位置上去了。你面臨的情況是：要麼承認你過去的神話必須整體修改；要麼你必須面對走向自我毀滅之路這個前景。

我們就處在這種狀態。中國現在的歷史體系是什麼呢，就是：一半是共產主義的革命體系，也就是說，全世界都是錯誤的，只有共產主義才是正確的這個體系；另一半，則是由梁啟超時代發明出來的這個大中華體系，就是說，我們原先是四大文明古國之一，有一部延續的歷史，是延續的種族，是最古老的民族，早晚要實現民族統一。現在的歷史體系是根據這兩種基本框架糅合而成的。

在中國，所有的歷史分析、所有具體的文獻和考據，都是像瓦片一樣，無論你拿出哪些東西，得出哪些結論，都要嵌合到這個體系之中才能發揮作用。這些實際上是於事無補的。如果你不打算從根本上把上述兩種神話體系加以破壞的話，那麼未來，在我們有生之年看到的東亞，就要面臨著極大的考驗了。我很有把握的說，它是經不住這個考驗的。

要想避免這個考驗，重構歷史體系，你首先就要打破錯誤的虛榮心，要承認，即使是在華夏文明曾經所處的最佳狀態的時代，它的地位比起較早產生、更加核心的東地中海文明中心來說，也是比較邊緣的。在以後的長期演變之中，我們曾經認為是非常自豪的漢唐文明，大多數時候是處在文明輸入、而不是輸出的狀態。中亞、外伊朗地區和印度地區，對東亞地區的文明輸出，比起反方面的文明輸出要多得多。正如東亞地區對朝鮮和日本的文明輸出，比起日本、朝鮮對中原的文明輸出要多得多。雖然交流是雙方的，但是你給我的東西和我給你的東西是不對等的。中心地區，在最近六千年來，始終是輸出得更多，輸入得更少；而邊緣地區始終是輸入得更多，輸出得更少。

這個格局不是哥倫布發現美洲以後才臨時形成的，也不是鴉片戰爭以後形成的。不是說帝國主義在名義上撤出東亞以後，你就能夠獲得原有的地位。實際上恰好相反。帝國主義撤出東亞的直接結果，就是中斷了或者至少是大大削弱了歷史核心區對邊緣地區的輸出，而最大的受害者恰好是東亞本身。

這個過程是從第一次世界大戰以後開始的。大家可以回顧一下華盛頓會議和九國公約[45]是怎麼樣造成的，它就是中華民國的外交官和中華民國的精英階級，在錯誤的歷史理論指導之下，以為利用第一次世界大戰中取得戰勝國資格這個機會，把帝國主義趕出中國，然後中國就可以獲得跟歐洲國家相匹敵的地位。它造成的結果是什麼呢？就是自身沒有力量的中華民國依靠美國的支持和威爾遜主義[46]的理想，實現了強迫英國人和日本人從東亞大陸撤退的目的。直接結果就是，在英國人和日本人撤退的地方，蘇聯迅速地派了它的代理人。而英國和日本保持克制和不干涉的結果，導致了條約體系在遠東的全線解體和國民黨、共產黨製造的長期革命。

從國民革命到共產革命，這樣的長期革命從秩序輸出的角度上講是什麼呢？就是帝國主義的殖民秩序撤出以後，中華民國的憲法體制自身就無法維持了。這一點很容易理解，如果在沒有殖民主義的狀況下，大清解體會發生什麼？答案肯

㊺ 一九二一年十一月至次年二月，美國、英國、日本、法國、義大利、荷蘭、比利時、葡萄牙、中國九國在美國首都華盛頓舉行國際會議（Washington Naval Conference），就限制列強海軍軍備問題和太平洋．遠東問題展開討論。閉會時，各國簽署《關於中國事件應適用各原則及政策之條約》（簡稱九國公約），承諾尊重中國的主權獨立，領土與行政權的完整，在中國實行「門戶開放」和「機會均等」的原則。

㊻ 作者另有一段相關評論：「美國總統威爾遜出身長老派世家，信仰和熱忱浸透了他的私人生活和社區生活。他知道自己的使命：如果基督徒是大地上的鹽，美國就是世界的楷模；如果基督徒有義務將福音傳遍黑暗的世界，美國就有義務用自由拯救萬國和萬民……美國一九四五年以後的全球政策體現了威爾遜價值觀的『全面勝利』，『我們信賴上帝』構成反共十字軍的終極理由。『柏林牆』的倒塌主要是基督教保守主義對世俗自由主義的勝利，後者在共產主義信仰面前是軟弱無力的。殖民地解放和次生型國家建構的民族主義，則是威爾遜外交對霍布斯世界的規訓產物。從威爾遜主義的價值根源看，美國不可能滿足於聽任世俗實證主義和社會工程學派的精英繼承廣大的中間層。許多中間層的精英，尤其是既反共又反帝的民族主義者，很容易認為美國是自己的天然盟友；但這種想法是錯誤的，他們的理念建構和國家建構都缺乏美國新教社會的根基。從長遠看來，美國肯定會不斷向中間層國家輸出廣義的新教價值觀。」

定就是，要麼是成吉思汗或多爾袞這樣的人來，要麼就是李自成或張獻忠這種人來，也許兩種人會一起來。無論如何，東亞大陸都不會有近代意義上的憲法出現，哪怕是一部拉美式的、不完美的憲法都不可能有。

中華民國之所以還有一部好歹是拉美式的、好歹在名義上還是共和國的象徵性憲法，靠的就是殖民主義在東亞的餘威，能夠遏制來自東亞內部和外部的惡秩序重新浮出水面。一旦你主動把這種秩序驅趕出去，那麼在你自己的內部秩序還沒來得及長出之前，比殖民主義秩序更危險、更糟糕的列寧主義秩序，就迅速地滲透到了東亞，最後把你自己帶入到毀滅的邊緣。

秩序像大自然一樣，是不能容忍真空的。你排除一個秩序之後，到來的絕對不是什麼理想王國或者幾千年盛世，一定會使另外一種秩序繼承原有秩序的地位。

所以你在考慮選擇什麼秩序的時候，首先要考慮清楚，你所在的地方，存在著哪幾種秩序？有可能產生哪幾種秩序？新生的秩序是不是已經足夠強大，足以擊垮原有的秩序？如果你出於虛榮心，錯誤地估計了自己的力量，在根本沒有新生秩序可以依賴的情況下，強行驅逐了原有的秩序，那麼就會發現，九國公約和華盛頓會議以後，在中華民國領土上出現的情況很快就要重演。

中國近代史，按照革命史觀來說，是民族主義者驅逐帝國主義的歷史，是無產階級推翻壓迫者的歷史。但是如果從秩序輸出和文明輸出的角度看，實際上就是殖民主義在第一次世界大戰遭到了嚴重削弱以後，撤出了遠東的歷史。遠東真正的利益是什麼？不是驅逐殖民主義，而是依靠殖民主義秩序輸出，通過模仿和

上圖：上海工部局大樓。下圖：上海工部局發行的債權。

工部局，即英文 municipal council 的中文翻譯，意為市政委員會，因與中國之工部類似而名為「工部局」。一八五三小刀會攻佔上海縣城以後，清政府失去控制。故次年上海租界組成自治的行政機構，進行市政建設、治安管理、徵收賦稅等行政管理活動。其後開闢的租界都仿照上海租界的制度。後來部分租界（如天津）甚至有常規外國軍隊入駐。

劉仲敬認為，這就是殖民主義的秩序輸出典型代表，而且符合遠東的實際利益。而反帝反殖運動、殖民主義的撤退，打斷了東亞模仿和學習的過程，使它迅速落入共產主義秩序之手。

引用，逐步地建立自己的自發秩序。而殖民主義的撤退，打斷了這個模仿和學習的過程，使它迅速地落入了共產主義勢力之手。

而現在中國的情況，其實不是殖民主義、帝國主義限制了我們的獨立或利益，而恰好相反，是由於我們自身的原因和國際社會的原因這個雙重因素，使得殖民主義的秩序輸出受到了嚴重的限制，以至於中國在世界秩序的邊緣，難以產生良好的秩序。如果是在殖民主義籠罩之下，這一點本來是不成問題的。

如果我們堅持所謂殖民主義邪惡、必須驅逐諸如此類的話，那麼我們就得承認，在中國以及不限於中國的這種自身秩序還不成熟的地方，肯定要面臨類似伊斯蘭國之類的惡秩序的威脅了。秩序是不能承認真空的。

威爾遜主義[47]的世界體系有一個弱點。就是它假定世界上所有地方的自發秩序，都已經足以維持自由的憲法，然後形成一個共同體，可以通過集體安全的體制維持在一起。但是在自發秩序本身不夠強的地方，如果沒有外來的強有力的秩序輸入，很可能會出現連最起碼的國家門面和象徵性的文明體系都沒有辦法維持的狼狽局面。

一九二〇年以後的中國，實際上是一步一步地陷入了這樣的局面。企圖驅逐殖民主義的結果，實際上是切斷了整個輸入源。輸入源切斷以後，自己產生秩序的能力又不足，導致更加嚴重的真空狀態。而在真空狀態，要麼是惡變產生出自己的破壞者，要麼是吸引其他的破壞者進行征服。

威爾遜。

㊼ 威爾遜主義是威爾遜關於國際關係和對外政策的理念和信仰，以及由此重建國際秩序的計劃。具體體現為「十四點計劃」，強調公開外交、公海航行自由、貿易自由、全面裁軍、民族自決、以及建立國際聯盟等等。想用集體安全體系的「快刀」斬斷歐洲古老均勢體系這堆「亂麻」。

劉仲敬用「達爾文世界」、「霍布斯世界」和「威爾遜世界」這三個術語分析國際秩序，霍布斯以《利維坦》一書聞名，他將國家形成之前的世界描述成一個沒有秩序、相當可怕的世界。劉仲敬將這個無秩序世界稱之為霍布斯世界。達爾文以生物進化論聞名。劉仲敬將國家普遍形成、但國際秩序尚未形成的世界稱之為達爾文世界。而建立在平等獨立基礎上、有秩序的國際關係體系之下的世界，劉仲敬稱之為威爾遜世界。他認為威爾遜主義創造了美國主導的世界秩序。

16、只能在世界史框架下思考東亞

現在看我們所在的這個世界，在西方以外，能夠自發產生出自由和憲政的條件還存在嗎？西方產生出自由和憲政的條件是什麼呢？是它在歷史的早期，在相當於華夏社會的孔子時代，通過多國封建體系的相互博弈，在各邦國之間和各邦國內部的各階級之間，幸運地形成了權力平衡，然後這個權力平衡體制不斷地演變和擴大的結果。華夏（中國）的問題，不是說是它太落後了而沒有發展到自由和憲政階段，而是它太先進，它已經越過了這個階段，或者說錯過了歷史的機會窗口，進入了各階級和各邦國都被大一統權力結構整體毀滅的狀態。在這種缺乏分化、缺乏有效組織的情況下，唯一的制衡力量和唯一的秩序產生者只能來自於外部。照馬克思的說法，這樣的社會是「一袋馬鈴薯」，它沒有自組織能力的，一旦失去自上而下的管制，哪怕這種管制是武斷的，他們唯一能做的事情就是聽任社會解體，聽任無政府狀態出現，然後聽任各種暴力集團相互之間進行殘殺。

所以我們現在陷入了一個非常矛盾的情況。如果我們不從根本上改變自己的話語體系，不能夠清楚地認識到自己所在的處境，那麼我們就必須違心地接受話語體系為我們指出的那個前途。而我們使用錯誤的話語體系，就猶如給自己吃下毒藥。然而現在，好像還沒有幾個人願意真正承認自己的話語體系在根本上是錯誤的。

所有人都已經感覺到，在採用這個話語體系的過程中，我們把自己推入了一種越來越矛盾的情況，並不得不採取修正詞語含義、不停地打各種補丁的方法，勉勉強強自圓其說。對於製造理論的人來說，這種情況就像是托勒密體系的本輪和均輪一樣，把你的任務變得越來越複雜，越來越困難了。而我們所在的社會，因為得不到適當的解釋體系，人們的聰明才智和創造力都會用到錯誤的方向上去，積累的資源都會漸漸引入到毀滅自身的途徑上去。

過去的幾十年內，大家都採取拖延戰術、等待問題發展出自行解決的方式。但是，在可以預想的未來，這個拖延之策是不能再繼續進行下去了。如果繼續拖延，你能夠指望的最好結局，頂多也就是賴過去，然後返回原有的位置上。甚至連這一點都不能指望。在不影響整個話語體系的前提下，通過局部修正、通過用錢、用非正式的潛規則、用各種交易來解決的問題，在過去十幾年內已經解決得差不多了。今後的問題，你實際上面臨的要麼是整個推翻話語體系，重新認識和定義自己，重新定義自己的使命和任務；要麼就是順著自己也知道不可靠、站不住腳的那個話語體系，把自己引向絕對危險的境地。

這就是你為什麼必須重新認識歷史的原因，也是為什麼考據式的歷史、僅僅拼湊史料的歷史對你沒有任何幫助的原因。這就好像一個房子，最初本來是按照小茅屋的樣式建造，然後在建造的過程中越建越高，最後承重牆支持不住了，而你卻還在討論磚瓦的品質問題。其實問題不在於磚瓦，而在於這個建築的基本結構的設計是不能承擔即將承擔的這個巨大重量的。然而你又處在停不下來的可怕狀態中。

所以你必須坦率承認，枝枝節節地去討論磚瓦本身的品質問題是沒有太大意義的，你必須把整個歷史整合起來，把東亞地區的局部歷史重新放到世界史的框架中去，重新找回自己應有的問題，在自己的社會內部重新發掘產生秩序和維持秩序的真正力量。

附錄　劉仲敬答問選錄

01

您能否再詳細解釋一下什麼是秩序、剩餘秩序？因為一般對「秩序」這個詞的理解是「事情有條理、不混亂」，但是您的定義好像又不太一樣。

什麼是秩序？比如說我給你設計一個假想的原始部落，你就明白什麼叫剩餘秩序了。這個原始部落裡面還沒有什麼政府之類的公共權力，就是一幫人彼此之間有影響，但是誰也沒有明確權威。大部分人是普普通通的人，比如說張三很會打獵但是腦子不夠好用，別人看他是個打獵高手的緣故也不敢欺負張三，但是因為張三腦子不好用，說出的話別人也不肯聽，那麼張三就代表一個中庸能力的平衡點：他沒有能力給別人輸入秩序，因為誰都不聽張三；但是別人也不敢欺負張三，因為他打獵的本領還是很強。所以張三既沒有輸入秩序也沒有輸出秩序。另外一個人呢，打鐵的本領很好，但是不大會打獵。還有第三個人呢，頭腦很聰明但是體力很差。像這些普普通通的人，有優點也有缺點的人都是那種不輸出秩序，但是也沒有什麼必要輸入秩序的角色。這種人佔了大多數。

但是還有另外一種人，像《荷馬史詩》中的忒爾西忒斯這種人。這種人腦子又很笨，別人比較好騙他，體力又不強，打架總是打輸，同時人格又很卑鄙，所以別人連道德上的尊重也沒有，這種人沒有辦法輸出秩序。但是同時因為所有人都很容易欺負他而且經常欺負他，沒有人保護的話他就會經常挨打，所以他需要輸入秩序，不輸入秩序他就活不了。同時還有第三種人，比如說他是一個智勇雙全的武士，打架很能幹，誰也打不過他，同時頭腦還很聰明，道德又很好，為人又公平正直，別人有了糾紛或者是有人受了欺負的話都去找他保護。那麼這個人是什麼？他是一個秩序的輸出者。像忒爾西忒斯這種人，被別人欺負了無處可訴的話，他怎麼辦呢？唯一的辦法就是去找我剛才說的這樣一個智勇雙全、為人又正派的武士，去找他說，看，他們在打我，你能不能保護我一下，我也沒有什麼東西給你，但是就是求求你可憐我一下。然後這個人就保護了他，不准別人來打忒爾西忒斯，然後，他就開始輸出秩序了。最原始的秩序輸出和輸入就是這樣來的。

歐洲蠻族戰士最初的權力是什麼呢？就是部落中特別德高望重的長者，或者是特別英勇的武士，或者是特別聰明智慧的巫師。最早的權力不外乎這三種權力：要麼是巫師，就是特別聰明的人；要麼是武士，就是特別勇敢的人；要麼是法官，就是特別公正的人。最初的權力就是這三種人掌握起來的。當然也有可能一個人同時兼任了兩種或三種角色。

但是時間長了以後，你也可以說是，我儘管是一個英勇的武士，但是我也有我自己的事情要幹啊，你們有了事情老來找我保護，我自己的事情不幹了怎麼能行呢，我不能給你白幹啊，你們來找我總得給我送點禮吧。比如說像孔子時代別人給他送肉乾之類的。你給我送點禮，我才來保護你啊。於是這種保護和被保護的關係開始產生了什麼？答案是產生了封建主義。封建主義就是在戰鬥力不足的需要保護的人、需要輸入秩序的人，和戰鬥力很強的能夠保護別人的人、能夠輸出秩序的人之間達成一個契約。我戰鬥力很強，不僅能保護我自己，我還可以保護許多其他人，但是我不能給你白幹，你們要我保護很簡單啊，給我送點肉乾或者什麼禮物啊，然後我們簽一個契約，你送給我什麼什麼，我負責保護你，然後我就變成一個封建領主了，你就變成我的附庸了。從這個關係開始，就產生了中世紀歐洲的各個封建王國，然後又產生了近現代的歐洲憲法。這就是秩序輸出的起源。

中世紀的王國是什麼呢？它是司法統治王國。司法統治是什麼？就是日耳曼的酋長，也就是後來的基督教歐洲的封建王國的國王，他是幹什麼的？他是給你仲裁糾紛的。張三和李四打架了，打不出名堂來，他們去找德高望重的部落首領仲裁一下，部落首領不能白幹，交點兒訴訟費吧，我們一人拿一點訴訟費交給仲張正義的國王陛下或者是酋長，酋長收了我們的訴訟費，給我們判一個案子，把我們的案子斷了，然後我們就相安無事了。酋長不能隨便亂判，他只能按照部落原有的習慣來判，他不能發明法律。這就是中世紀國家的起源。這樣一個體系中，它沒有立法權和行政權。司法權是最古老、最原始的權力，也是大多數原始部落唯一的權力，和早期封建國家唯一的權力。這就是政治制度的起源。我剛才給你描繪的那個部落是比較泛化的，但是差不多就是日耳曼以後歐洲歷史的前半部了。這就是秩序的產生和輸出。

然後，比如說，你這個部落漸漸強大起來，武士非常之多，像忒爾西忒斯這樣需要別人保護的人只有兩三個，但是有能力保護別人的武士有七、八十個，那麼我這七、八十個武士，算一算，我不僅能夠保護我們部落忒爾西忒斯這兩、三個人，我還可以保護兩、三百人都沒有問題呀。那接下來的事情，其他的地方正在打仗，有好多人都被打得快要走投無路了，正需要我保護，而且願意出點錢讓我保護，我就保護他們一下吧。這是什麼？這就是輸出秩序。英國的殖民主義是什麼呢？比如說夏威夷兩個王國之間打得不可開交，然後失敗者眼看就要被殺頭的情況下，他向英國軍艦求救，要求維多利亞女王保護他，然後女王就批准說，某某部落是在我女王的保護之下，命令一下，別的部落就不敢打了，你再敢打的話，皇家海軍會向你開炮，你會受不了的，於是這個部落就得救了。但是這個得救不是免費午餐，你從此以後就變成英國的被保護國了。這就是殖民主義的起源。殖民主義就是輸出秩序。毛澤東在跟蔣介石打仗的時候打不贏了怎麼辦？他就找史達林哭訴，要求史達林給他運一些東西過來。這是什麼？這不就是史達林給他輸出秩序麼？

02 是什麼因素導致西方文明獲得了秩序呢？

演化體系中是沒有確定因素的。你可以想像一個原始的星雲，最初的星雲都是差不多的，在演化過程中，它會面臨著兩種前途。一種前途是，大部分的質量會集中到中間部分，剩下的一點質量集中到外圍部分，最後就形成太陽系這樣的結構：大部分質量在中間變成恆星，一些小的質量在邊緣地帶，變成繞著恆星轉的行星。但是在演化中也可能出現另外一種結局，就是說，質量會分散，形成一個雙星系統，雙星系統分擔了全部的質量，雙星系統中間沒有像地球這樣的行星出現。這兩個系統在結束的時候是大相逕庭，在開始的時候是一模一樣的。你要說是在哪一個階段截然分開的，這很難說。照天文學家的解釋，最重要的是角動量的因素。在一個達爾文式的演化體系中，可能沒有任何一個因素能夠解釋全部體系，你只能用體系本身來解釋體系。

如果說，文明是怎麼產生的？那麼答案就是，具有一定共性的各個實體的一個組合，形成的一個網絡結構。它照定義來說，就是多種秩序的組合。多種秩序的衝突本身就是自由的一種保障。當一種秩序逐步的整合到吞併了其他秩序，使秩序僵硬到沒有辦法來調整的情況下，那麼它自己內部的生命力就已經結束了。這到底是系統一個固有的衰變趨勢呢；還是出於一系列偶然因素，本質上是可以避免的？這很不好說。但是我相信，最關鍵的問題還是在於，內外體系的聯動性：在一個國家內部，就是它的各階級和社會團體之間能不能保持平衡的問題；在國際上，就是各邦國之間能不能保持平衡的問題。這二者是聯繫在一起的。國內的憲制和國際體系的演變是一個互動的過程，彼此之間會相互強化、相互鎖定的。如果在國際方面走上了多國體系滅亡、強化大一統的方向，那麼你在社會體系上，基本上也是會相應的走上瓦解階級結構，實現散沙和平等社會的目的；如果相反，國內的憲法結構能夠保持自由的話，那麼國際上的多國體系多半也能夠保持。這是一個互相鎖定、互相強化的過程。但臨界點在哪裡，那是不好判斷的。你即使放小單位，像法國這樣一個較小的實體，你也很難判斷，到底真正的臨界點是出現在美男子腓力四世屠殺聖殿騎士團的時候，還是出現在路易十一強化君主專制的時候，還是出現在路易十四窮兵黷武的時候。答案是都有可能，也許都是不確定的。你在系統內部，只能描述，不能判斷。

03

您似乎不僅把戰車、捕獵的方法算作技術，而且把組織動員人民的方法也算作技術。在您的體系中，技術、秩序和演化到底是怎麼樣的一個關係？

技術確實是分為兩種。比較簡單的、沒有歧義的技術就是針對物的技術，這個應該沒有什麼爭論。針對人的技術則是一種很危險的東西。如果完全沒有這種技術的話，任何文明都不會存在；但是這種技術本身就是邪惡的，因為它前提就是把人當作科學分析和經營的對象，這種技術一旦產生，它就有自我毀滅的巨大危險，至少它會封閉人的天花板。所以它產生了一個很矛盾的現象，文明以前的蠻族階段越長，對文明本身越有利。因為蠻族沒有或者是很少有管理人、經營人的這種技術，因此它自由發展的空間比較大，哪怕這種自由發展在很多方面都是殘忍和野蠻的，但是保存了自由發展餘地的野蠻，比雖然沒有野蠻但是封閉了發展空間的文明要好得多，至少對於自發秩序的產生來說，是要好得多的。經營人的技術一旦產生，即使其中包含一些本質上是屬於福利和保護性的技術，但它早晚會在鐵籠形成以後把人變得像家畜一樣，完全喪失了最基本的生命衝動，發展到這一步以後，這個社會群體基本上是免不了要滅亡的。這個滅亡不是說政治上的滅亡，而是說在肉體上滅亡。因為晚期文明一旦發展到了人可以當作科學管理的對象的時候，這一批人口基本上毫無例外地在不久的將來就通過各種方式被消滅了。你一旦變成一個可以經營的對象，下一步也就是要被消滅了。而蠻族反倒不會被消滅的，他們可能在戰爭中犧牲，但是卻不會被人像是礦山一樣開發或者像是牲畜一樣消滅的。

04 您說的「大洪水」具體是指什麼？

所謂的洪水就是指秩序的崩潰。秩序的崩潰是由於文明本身秩序產生機制的破壞所造成的。這種機制是一種內耗的機制，它不能容許自發的小共同體成長發育、積累資源，而是不斷地破壞它，把已經積累起來的資源打散。然後這個社會也許通過它不斷的汲取，在表面上有一個巨大的上層建築和貌似強大的國家組織，但它的基層一定是極度鬆懈和潰散的。這樣的社會很容易在僵硬的上層遭到動搖以前，在基層就遭到巨大的滲透和破壞。而明顯的特徵就是，在它遭到這種滲透的時候，基本上不會激起重大的排異反應。這就是基層組織趨向於崩潰的一個症狀。只要秩序內出現真空，那麼它肯定會有填補真空的力量產生，如果內部的力量不足以填補真空，那麼周邊和外來的力量一定會引入。如果你用殖民主義或者其他抽象的話語，實際上是拒絕了最優秀、最能保護你的一種秩序來填補真空，十之八九你就會得到其他的、比殖民主義糟糕得多的秩序來填補。所謂「更好是好的敵人」就是這個意思。凡是在人類社會中能夠建立的秩序，都是要消耗成本、消耗資源的，而且肯定要讓一部分人、甚至全部人付出一定代價的。但是這不是說天下烏鴉一般黑。共產主義說，所有的秩序都是惡秩序，所有的統治階級都是邪惡，顯然不是這樣。你通過健全常識就可以看出，周的統治秩序就是要比殷商的統治秩序仁慈一些，至少它不用大規模的殺人來祭神。

但是如果你一定要做終極追問的話，也可以來一個文化多元論。我們憑什麼認為殺幾千人祭神就是不對的？只殺馬殺牛來祭神就是比較好的？我們用更高的標準來說，大家都是邪惡的，殷人和商人也沒有什麼區別，所以孔子幹的那些事情全都是白搭。但是，這種說法是大家能夠接受的嗎？你也可以說，我們之所以認為周比殷商要稍微文明一點兒，是因為我們潛移默化接受了儒家的思想或者是跟儒家思想同構性比較強的其他思想。但是你既然已經接受了這種思想，而且推翻這種思想的成本太高的話，那麼你很難抓著自己的頭髮，把自己拎到天上去的。所以比較合理的、合乎健全常識的說法，是承認：第一，沒有完美的秩序；

第二，各種不完美的秩序當中，不完美的程度是有一定的差別的。如果你一定要說，完美不完美是你主觀的判斷，那也可以。你也可以說，你本人和跟你價值觀相似的群體比較傾向於這一種秩序而不是那一種秩序，那你就要放棄那種天下烏鴉一般黑的顯擺言論，老老實實說，我就是喜歡這種秩序，這種秩序對於我來說比其他秩序要更好一些，那麼我當然要促成它的實現，而不願意為了「更好」的緣故，破壞了本來可以得到的、勉強還可以維持的秩序。

05
政權崩潰但社會不崩潰的前提是什麼？另外，歷史是否可以預測？

秩序就是輸入和輸出的一個交換體系。如果輸入和輸出之間的交換結點垮了，那麼秩序就垮台了。像我剛才說的那個原始部落，假如我剛才說的那個酋長突然死了，而他的兒子是一個殘廢，那麼他的秩序就崩潰了，因為他不再有接收其他部落成員給他送的禮品、給其他部落判案的能力了。這就是局部的、一個很小範圍的秩序崩潰。秩序是一種交換體系，有能力輸出秩序的人和需要輸入秩序的人通過某種形式連接起來，構成一個體系。這個體系的結點如果崩潰，然後社會重新瓦解成為，一部分人有多餘的秩序但是沒有人需要、另一部分人需要秩序輸入但是得不到秩序輸入的情況，那麼它就是進入了一個秩序崩潰的狀態了。

政治秩序和其他社會秩序有區別，這是秩序高度複雜化的產物，也就是說，是在整體秩序中，抽出了一部分特殊的人，由他們來專門負責做維持秩序的工作，不幹別的事情了。在原始部落裡面，武士肯定也是有別的事情要幹的，只是業餘替你判一判案，酋長和巫師也就是這個樣子的，基本上秩序輸出是業餘的性質。只有在高度複雜、可以說是剩餘秩序非常豐富的社會中間，才會產生出專業秩序維持人員，比如說像是國王、貴族、法官這種人，他們是幹什麼的？他們是專業的秩序維持人員。這些人員如果垮台了，你的政治秩序就垮台了。

政治秩序垮台和社會秩序垮台有沒有關係，這要看他們彼此之間的連接點是不是足夠緊密。在有些情況下，政治秩序是凌駕於整個社會秩序之上的，那政治秩序是不可能單獨垮台的，它肯定會和整個社會一起垮台。但是如果它們的連接點不是很緊密的話，政治秩序的維持者完全解體以後，社會還能夠依靠業餘愛好者自己維持下去，這種情況也是可以存在的。關鍵還是看你所說的那個社會處在什麼樣的狀態下。一般來說，如果專業維持秩序這個集團不夠強大的話，那麼其他社會儘管喪失了專業人員，維持秩序的能力會受到很大損害，但是一般人多多少少都有一些剩餘的秩序生產力，也就是說你不幹你自己的正事，你出來打抱不平，這個能力大家多多少少都是有一點兒，在這種情況下，專業集團的解體不會造成太大的問題。如果情況已經不是這樣了，那麼可以說你原先所處的那個社會肯定已經是經歷過崩潰重組，或者說是走入了一條非常畸形的道路了。

至於說是可解和可預測，這是完全不同的兩件事情。有些事情是不可解但是可以預測的，有些事情是可解而不可預測的。不可解而可以預測是什麼意思？就是說，你可以通過概率的方式，不瞭解一個子系統的內部結構，就能夠大致上推出它下一步的發展方向，這是可以做到的，你不需要理解任何具體的人是什麼樣。就好像我是一個銀行家的話，我根本就不需要理解你內在的想法以及其他方面的特徵，我只要算一下你過去跟別人借過多少次錢，還過多少次就行了。你如果每一次都還錢，其他方面的事我就算不瞭解，我也借錢給你；如果你經常借錢不還的話，我也不管你有沒有什麼特殊情況，我不借給你就行了。所以你不需要瞭解，但是你仍然可以預測。但另一方面有些事情你是可以瞭解而無法預測的，像三體問題就是很簡單的例子，就屬於這一類的，你可以瞭解它，但是瞭解以後你仍然是無法預測的。能夠預測的是什麼東西？是一個正在運作當中的子系統，因為它已經啟動，像是開出火車站的火車那樣，它沒有辦法離開鐵軌開到別的地方去。如果它沒有啟動，或者是已經開到站了，停下來了，那你就沒法預測它往哪個方向開了。但是它已經啟動，開到一半，在起點站和終點站之間，在這個情況下它是沒法出軌的。你根據已有的軌跡就可以預測它的行動了。但是前提條件是，這種預測必須是在兩個節點之間，越過節點就不能預測了。

06 官僚系統讓工業組織以極高的效率開發殖民地，實現了全球化，您認為這是一種秩序的高地還是秩序的窪地？

顯然是消費。因為西方之所以沒有被這些技術搞垮，是因為它在這些技術之外還有一些對沖這些技術的東西。我們不要以為這些技術是近代才產生出來的，它早在迦太基人漢諾搞科學管理的時候就已經出現了：你去研究那些科學管理的農場，應該怎樣榨橄欖油，怎樣按適當的季節生產各種農作物，生產出來農作物以後用各式各樣的做法來處理，包括奴隸怎樣購買，奴隸怎樣管理，就像現在一個工業企業家如何管理煤炭一樣，井井有條。古羅馬的奴隸制是什麼呢？它是一種資本主義的奴隸制。農業是依靠不科學的小農來維持的，而奴隸制是依靠科學的企業管理來維持的。西方和蘇聯的差別在哪裡呢？我們知道列寧最崇拜的就是泰勒制，也就是科學管理。托克維爾有一句名言，「可以把一個國家像一家工廠一樣來管理」，是首先在蘇聯實現的，而不是在西方實現的。西方為什麼沒有實現？就是因為西方在科學管理之外，還有很多沒有辦法科學管理的勢力，這些勢力對它構成了牽制和節制。因此，西方的企業家只能管理一個企業，而國家計委卻可以管理整個國家。用儒家的術語來說就是，蘇聯運用它的科學把自己元氣消耗乾了。而西方呢，則是因為不夠科學，而沒有把元氣消耗得太厲害。但是你也不要太抱幻想，就是說，現在的西方跟牛頓時代的西方相比，在很多方面給人的感覺就像是奴隸制時代的羅馬和辛辛納圖斯那個農民的羅馬之間的區別。那個農民的羅馬是很土氣的，種一些大蒜和洋蔥給自己當菜吃，平時也就只能吃大麥餅，但是他們基本上都是自由人，他們的土地也不是科學管理的。科學管理一來，高產值的奴隸農莊就取代了沒有高產值的小農，而這些小農滅亡以後，羅馬共和國也就滅亡了。這是歷史的進步還是倒退？端看你的價值觀如何。

07 中國的大城市向其他地方輸出軍事和技術，這是一種組織力量；而同時，在西部出現了中央政府不能控制的地下組織。這兩種力量如果對抗的話會有什麼結果？

技術輸入是一個有危險的東西。你想，為什麼帝國時期會傾向於減緩技術輸入的速度呢？因為技術輸入是一個分化的力量。例如在列國分立的時代，秦、趙兩國在軍事技術輸入方面先進，那就會使它們對其他國家取得巨大的優勢。而大一統的帝國要能夠維持的話，它一定要避免某些地方通過特殊的路徑發展產生出跟其他地方不同的體系。因為技術輸入的地緣性是很強的，最先接觸輸入點的地方，它和遠離輸入點的地方會產生出巨大的落差。這個落差本身就會帶來對統一帝國不利的後果，因此帝國的傾向應該是削平這種落差。例如像是明代的月港為什麼會搞不成呢？為什麼要鎮壓倭寇呢？倭寇不是別的，他就是走私販子，朝廷不能容許沿海地區形成一個跟內地相差得太遠的體系，這樣做對帝國的統一是非常不利的。所以，對於像東亞這樣形勢比較孤立和隔絕的地方，它最先接觸到輸入點的這個地區始終有潛在的分離傾向。要壓制這種分離傾向就必須減緩體系內部技術更新的速度。而這兩者之間是沒有兩全其美之道的。你不管偏向哪一方面，在另一方面都會付出極其慘重的代價的。

08

您覺得伊斯蘭惡秩序入侵東亞大陸的可能性有多大？

穆斯林所代表的秩序也許還不能說是惡秩序。有很多證據證明，它在某些方面比儒家的宗族主義帶來的秩序，至少是抗風險能力要更強一些。在明清五百年時間內，西北地區有一個現象，就是說，每一次發生饑荒的時候，都有一批比較窮困的漢人會投靠穆斯林，然後變成穆斯林就再也不會變回來。相反的情況就很少。

這說明什麼問題？穆斯林的宗教組織在抗風險能力上比儒家的宗族主義要強一點。特別是在西北地區和中原地區，連比較強大的強宗大族都很少有，散沙式的小農特別多，那麼這樣的小農，按照某種價值觀來說，他們是特別平等的，但是就是因為他們特別平等，所以每家每戶的剩餘儲備都非常少，所以他們的抗風險能力就特別弱。如果有什麼豪強門第之類的、特別大的財主之類的，有特別多儲蓄的話，那麼他本身反倒可能變成一個有儲蓄抗風險的基地。但這樣的組織沒有。

而伊斯蘭社會呢，它的宗教組織，因為有從事慈善活動的長期的團體，所以在政府之外，有一個政府不能干預的從事宗教慈善活動的社團傳統。在這方面他們的成績好像是比東亞的儒家社會要強一點。因為他們儘管同時都可以被稱為東方專制主義社會，但是中東的各王朝在它倒台的過程中人口損失的比例，沒有東亞各王朝在倒台的過程中人口損失的比例那麼大。這就表現出它的社會團結能力和組織能力是要稍微強一點的。這樣也符合其他方面所顯示的歧視鏈。就是說，歐洲的社會組織大體上講比中東的社會組織要強一個數量級，而中東的社會組織又要比東亞的社會組織要強一個數量級。每一個都能夠吃掉下一級組織，但是吃不掉上一級組織。在軍事組織和社會福利各個方面都是這樣，所以這可能反映了他們所在社會的秩序生產能力的強弱。這個秩序生產能力的強弱同時體現於經濟、軍事和社會福利各方面，而不是只體現於一方面的。這就好像一個人如果身體強的話，他不大可能是只有胳膊強，可能是胳膊和手同時強。如果胳膊弱的話，那你可以合理推斷他的腿可能也是比較弱。差不多就是這樣的。

09

我認為人是在自由和秩序之間進行不斷的選擇，自由多了想秩序，秩序多了想自由。是不是這種矛盾推動了中國歷史的不斷演變？

你首先要明白，中國處在什麼樣的地位。它是由兩套機制維持的：第一套機制就是世界資本主義的秩序，吸收了沿海地區的中國人加入他們的代工環節；第二套機制就是吏治國家的汲取機器，它從這個代工環節中間收了大量的稅款，對它進行二次再分配，用來維持官僚和軍隊機器，同時把一部分剩餘投入了內地和內亞邊地，使這些地方能夠活得下來，否則恐怕除了沿海幾省以外，內地這些省份的人早就餓死了。

未來發展的趨勢，實際上就是這條世界資本主義的資金流向正在改道。它在一九七八年以後，曾經在東南邊境流動；今後它的發展方向是向越南和印度流動。然後中國的命運呢，就很像是布羅代爾描繪的那條香巴尼貿易線離開法蘭西以後，法蘭西的命運一樣。資金流一旦從你的境內離開的話，接下來發生的一般都是很不好的事情。就像我剛才說的那樣，只要你是資金流流過的地方，你的生命就會比較貴，你的秩序就會維持得比較好；資金流的線路從你那兒離開以後，很容易發生戰亂和生命貶值的現象。照布羅代爾的說法就是，自從這條貿易線繞道，從弗蘭德到倫巴第，繞出法國境外以後，法國就陷入了百年戰爭和中央集權當中，注定了法國永遠跟近代資本主義絕緣。將來這條貿易線移到南洋和印度以後，這些地方將會出現七八年以後在中國東南沿海曾經出現過的盛況。而在中共所統治的整個東亞大陸，在被這條線遺棄以後，將會陷入非常可悲的狀態。

這些人的後代將來看待東亞大陸，很可能就會像是我們現在看待朝鮮一樣。

朝鮮其實並沒有做錯什麼，只是它被世界遺棄了。這就是它們真正的處境。

自由和秩序這種說法一般來說我不會用的。在我看來，自由本身就是秩序的一種。所謂的自由就是什麼呢？自發產生的秩序就是自由。當你感到不自由的時候，說明什麼問題？說明你所享受的秩序是外來的。當你依靠外來的秩序維持自己的生存和發展的時候，你就會感到你是不自由的；當你依靠你自己社會的自發秩序來維持的時候，你就會覺得你是自由的。

10

在東亞的歷史中，內亞因素所起到的作用，您能否概括一下？

內亞和東亞這兩者之間的關係就像是英國人和印度帝國之間的關係。內亞是征服者，東亞是被征服者。東亞在孔子時代是有自身的秩序的，但在秦代以後，變成了一個喪失了秩序生產力的被動的物質，它像礦山一樣，供征服者開發，自己沒有辦法統治自己。所以秦漢帝國最後滅亡以後，一千多年來東亞的統治者都是來自於內亞或者其他地方，不是內亞本身，就是內亞的代理人，他們自身已經無法統治自己。這恰好就符合薩伊德《東方主義》說的那種邏輯——東方和西方的區別在哪裡？不是地理上有差別，而是這一點：西方能夠自己治理自己，而且還能夠統治別人；而東方沒有能力統治自己，只能被人統治，沒有能力為自己發言，只能由別人代他發言。

內亞和東亞的關係就是這樣的。內亞的部落也許是野蠻的，但它是能夠自己統治自己和統治別人的；東亞呢，在秦政以後喪失了自己統治自己的能力，因此變成了一種供內亞體系開發的資源。東亞，地方上也許很廣，人口上也許很多，但它的統治形式是異常單調的。統治形式的單調是秩序資源枯竭的一個明顯跡象。絕大部分統治技術，包括軍事和行政技術，都是從內亞闖入東亞的這些征服者從他們自己的家鄉帶來的，這些因素滲入到漢魏遺留下來的行政體系，把這些原先已經衰弱到死亡邊緣的體系又重新救活了，多延長了一段時間。但是也因為這樣，消耗了自己的秩序資源，而使自己也漸漸走上新一輪的衰亡。這個綱要大概就是秦政以後東亞歷史的基本綱要。

11

為何內亞文明只是作為外來的角色，在短暫的襲擾中原之後就退回去了？

應該說退回去的情況也有，但是不是主流。正常情況不是退回去，而是一撥人帶著當時的先進技術進入以後，然後在進入中原以後，就慢慢陷入技術停滯的狀態，然後草原上的新的革命又產生出新一波的技術，引起下一輪的入侵。大多數主要入侵者，他們沒有回去。中原地區的人口已經被換過好幾次，至少換過三次，可能還不止三次吧。經過魏晉時期的折騰以後，東漢在北方留下的人口是十不存一的。經過金朝滅亡的折騰以後，到明朝中葉的時候，北方的人口很少有人是宋人的後代了。基本上來講，可以說蠻族替代是一波接著一波的。後來被新的蠻族消滅掉的已經不是孔子的子孫後代了，而是曾經消滅了孔子子孫後代的那一批舊的蠻族了。你可以說，宇文泰的武士集團跟安祿山的武士集團之間的差別，差不多就像是張宗昌手下的那一批白俄士兵和史達林在二戰以後打進東北的那些士兵的差別。他們之間是有代差的。你不能說他們都是俄國人，就都是一模一樣的。張宗昌用的那些白俄軍隊儘管打孫傳芳和其他的軍閥打得後者滿地找牙，但他們代表的是第一次世界大戰以前的技術；而跟著瓦西列夫斯基打進東北的那些部隊，已經是代表了第二次世界大戰以後的技術。他們也許是前面那一批人的孫子，但是他們擁有的軍事技術已經是升了一級、換了一代了。而且沒有這樣的升級換代的話，我想，東亞地區的技術演變，即使會有，也是會非常緩慢的。

12 蘇美爾文明和中國文明具體有何種聯繫？

蘇美爾文明顯然跟殷商文明是有關係的，因為他們有很多烙印是烙在殷商文明身上的。但是這倒不見得證明說是，殷人一定是西來民族，因為他們的時間差了幾千年，蘇美爾文明已經衰落的時候，殷商還連影子都沒有存在。所以完全可能是蘇美爾產生出來的文明遺產，通過間接傳播和刺激的方式，最終來到了中原，而殷商接受的影響很可能是通過非常間接的途徑，而沒有直接接觸蘇美爾文明的本體。但是如果真的在高古時代存在著越過古地中海南岸的移民團體的話，這也不是什麼不可能的事情。你只能說這兩種可能性造成的實際結果差別不大，也很難加以區別。

13

您在之前的《經與史》從殷商時代講起，那麼您認為夏王朝是否真正存在過？

夏朝即使存在，現在也沒有任何證據。它不存在的可能性大於存在的可能。因為，殷商以前並不是沒有考古遺跡。假定夏朝是在殷商以前的某一個歷史時期的話，那麼這個歷史時期，在中原地帶已經有很多遺址被發掘出來了，例如有些人就堅持說二里頭就是夏代，另外一些人則反對。然而，不管他們支持還是反對哪一個證據，很明顯的，如果二里頭或者其他時間相近的遺址能夠算是夏代或者相當於是傳說中的夏代的話，那麼它顯然也不符合大多數文明的基本定義，它沒有一個成文的文字體系。如果要把這樣的遺址也算是一個文明的話，那麼文明的定義的門檻就必須做相應的降低，那麼其他許多原先通常不算是文明、而只算是前文明的遺址也可以升格為文明了。

如果說發現的相當於夏朝時期那些中原遺址可以算是夏朝的話，那麼：第一，像美國南部霍皮人那些遺址好像也可以算是一個朝代或者文明了；第二點更重要，就是說，假定推論為夏朝的那個時代，在中原地區、山西南部或者河南北部或者其他周邊地區出現的遺址可以算是夏朝的話，那麼毫無疑問，在江西、浙江、四川發現的同一時期的遺址，比它更有資格稱為朝代：因為論文字，它們同樣都沒有文字；論其他方面，無論是陶器、青銅器還是建築物來說，這些南方的遺址都要比黃河中游的遺址要結構更複雜、造詣更深。如果一定要承認夏朝的存在的話，那麼我們也勢必得承認同時代的這些遺址也代表著相應的朝代，例如是巴蜀的什麼什麼朝代、前三代的什麼朝代，江西、浙江的類似文明也必須給它一個相應的朝代的稱呼。這樣做事情就變得更複雜。

老實說，這樣做其實是有一定的可取之處的，就是說它比原先的敘事體系更接近於真實，更真實地反映了史前時代東亞的那種缺乏一個固定中心的狀態。殷商可以看作一個固定的中心，因為它至少是一個具有強烈擴張性的軍事中心和巨大的祭祀中心。它的軍事力量是當時最強的，而它的祭祀禮儀擴張到它軍事力量所能夠達到的範圍之外。所以你把殷商當作當時的東亞地區中心，有一定的合理性。但是如果把殷商以前的那些遺址，無論它是不是夏代，也當作中心的話，就一點道理都沒有了。比較接近於合理的說法就是，當時沒有什麼中心。如果一定要搞一個中心的話，這個中心放在錢塘江東岸或者是放在四川盆地，都要比放在中原地區更合適一些。

14

絲綢之路是誰率先打通的？漢朝是否存在過向外的秩序輸出？

絲綢之路並不存在，因為絲綢從來不是絲綢之路上的主要商品，而且內亞到中原地區的這條貿易線存在的時期比漢朝輸出絲綢的時期要早得多。應該說張騫和漢武帝不是開創了這條道路，而是利用了本來就存在的道路，並且用政治軍事手段對這條道路上原有的商業模式進行了武斷干涉。這些干涉的結果對中原地區的經濟其實是非常不利的。從靈武經過趙國通向洛陽的那條道路，很明顯在戰國時期一度是主要的交通路線，曾經壓倒了通過關中進入洛陽的那條道路。這種繞道現象跟商鞅變法很可能有一定的關係，因為在秦國產生強有力的中央政權以前，通過塔里木盆地東向輸出的那條道路似乎是更加重要的。

15 薩珊文化與印度文化對東亞大陸具體輸出過怎樣的組織模式？各地接受兩種文化的輸入比例不同，又是為什麼？

薩珊文化通過印度和南洋傳入廣州、然後通過廣州越過贛江進入建康是一條路線，通過中亞移動到平城、再從平城進入洛陽是另外一條路線，兩者的風格是不同的。如果你仔細察看北魏平城那些佛教雕塑或者是北魏達官貴人的墓葬就可以看出，他們比較昂貴一點的器物，無論是金銀器還是玻璃器，其實都有很強烈的薩珊風格。南方的類似器物當中，薩珊風格雖然也是佔多數，但是羅馬風格就占據了比北方要大得多的地位。

可以合理的說，當時的東亞大陸有三個被輸出區域。一條路線就是後來的天可汗道，或者叫做回鶻道，也就是唐朝中後期吐蕃遮斷西域以後、絲綢通過回鶻路線輸向西域走的這條路線，基本上是從靈武出發，向北移動進入蒙古高原，就是過去戰國時代所謂的雲中道、在唐朝突厥酋長把它變成天可汗道的這條道路，這條道路通向平城，把現在的山西或者是晉語文化區薰陶成了一個內亞特殊區域。

另一條線路從龜茲通向關中，在關中製造出了另外一個被輸出區域。這個區域照漢志史家的記載，就是雜胡特色比較濃厚，而平城洛陽那個區域鮮卑特色比較濃厚。它們雖然都有濃厚的佛教因子，但是關中那條線摻雜的拜火教和景教成分明顯更多一些。這是第二個被輸出區域。

第三個被輸出區域就是廣州—南洋向江州、建康移動的這個區域。這個區域在廣州是最強的；在贛江沿岸留下了一系列居民點，這些居民點不斷發展，在唐朝前期則構成了洪州和贛江沿岸開發的基礎；最後傳到建康以後，對南朝的佛寺建築留下了一定的影響。但是總的來說，南朝接觸的輸入是不如北朝的。可以合理推斷，當時海路的地位仍然沒有辦法跟陸路相比。

16 從無文時期到近代，外伊朗地區和贛越地區的聯繫在地理上是如何實現的？是通過海路還是陸路？以及具體的路線？

通過海路。波斯語地區的商人開闢這條路線的時間似乎相當早，可能從東漢晚期就已經開始了。贛江是這條道路的主要依託。走贛江路線就說明一個問題，就是說海路是到廣州為止的，長江下游缺少像樣的港口，不是主要的貿易口岸。儘管魏晉南北朝時代廣州是極度繁盛的，但是現在的福建沿海地區基本上是荒蕪的，閩江口那個口岸基本上沒有什麼貿易性質，只是南北來往的一個補充淡水和其他物資的中轉站，而長江口現在充滿良港的地區，當時基本上沒有什麼貿易據點。南方的珍奇貨物是通過贛江一路北上，在江州集結，然後東向運往建康的。當時有記載的主要寶器，差不多都是順著這條路線走的。而記載下來有姓名的商人，例如安姓、康姓之類的巨室大賈，基本上也是沿著贛江一線分布的。陸路似乎並不重要，當時除了贛江一線的水路以外的其他地方，似乎是沒有開發、處在蠻族統治之下。但是宗教教團的存在很可能為這些蠻族的組織提供了很多啟示，即使沒有直接的通過例如天師道的傳播或者佛教的傳播、景教的傳播這種方式使遠離江口的山地蠻族受到影響，至少也通過他們的存在為這些蠻族的組織提供了很多靈感，使他們後來的組織在模式上不同於以前。

17 摩尼教、拜火教、景教在入華後發生了怎樣的演化？在古代東亞大陸的歷史上發揮了怎樣的作用？

它們起作用最大的就是魏晉南北朝到唐代的時候，這個時候，絕大多數的民間社會都是在這些教團擴張的過程中經過了重新組織。因為儒家的歷史不大記錄這些社會基層的事情，所以你必須結合考古學發掘的材料和宋代以後儒家重建共同體在各地遭受的不同阻力，以間接途徑來推斷這些現象。這些現象是有高度地區差異性的。有一點是可以肯定的，就是後來被認為是本土性比較強的大多數教團之所以在這個時候產生，主要就是受了這些外來教團的刺激。從它們被動產生的組織模式當中，也可以推出很多草蛇灰線來。

18 吐蕃作為更加邊緣的文明地區，在八世紀能夠越過巨大的地理障礙、一度占領內亞東部的原因是什麼？這一事件是否造成了長期影響？

實際上吐蕃人的捲入跟河中地區反對阿拉伯征服是有一定的關係的。唐朝是阿拉伯征服的一個重大的幫手，因為這些地方的那些小邦國在對付阿拉伯人的強大勢力的時候是需要有外援的，而他們經常引入的外援是西突厥和突騎施人，而每一次他們在快要勝利的時候，唐朝都會從東面對突厥人或者突騎施人進行打擊，把他們的勢力打散，因此使他們快要達成的勝利化為烏有。從河中粟特人的角度看，唐人不斷給他們最好的護衛拆台。

吐蕃取代唐人以後，這個問題不復存在。吐蕃的占領並不干擾中亞小國內部的結構，跟他們最需要的護衛差別不大。本地人沒有理由反對保護者，直到保護者自己也支持不住。

19 假如安祿山率領的幽燕雜胡集團在中原兩京站穩了政權，那麼內亞·東亞二元體系的歷史格局會如何演化呢？會不會返回到南北朝黃金時代？

基本上沒有影響。無論靈武還是漁陽，都是來自河中地區的武力集團。敦煌·靈武一線本身就是蠻族通過回鶻道進入中原的一個孔道，而盧龍地區基本上是敦煌的一個次級中轉站，內亞的各類雜胡則以敦煌為第一個主要的聚居地。而安祿山招募的那些雇傭兵集團，實際上主要的成員，包括安祿山和史思明兩人，都不是從中亞地區直接來的，而是在敦煌定居的這些胡人的二代、三代組成的，所以他們與其說是蠻族，不如說是涼州地區已經部分接受了唐朝文化的這些二代或三代組成的一個雇傭兵團。唐人一定要把他們說成是蠻族，甚至把他們說成是部落民，多少是帶有污蔑性質的。也就是說，很多歷史學家主張的「唐代中葉以後，邊患從西北轉向東北」這個說法，是沒有什麼意義的。所謂的東北就是指河北平原、盧龍節度使這一系，跟代表西北的朔方軍系統來源基本是相同的。

20 明教和伊斯蘭教在明朝的生存境況怎樣？在明朝發生過宗教衝突嗎？它們在明朝治下的關係是否受到當時伊朗和伊斯蘭文化之間關係的影響？

明教可能在吸收了佛教和基督教的很多成分以後，演化成白蓮教那樣的民間宗教，漸漸地被掌握了明朝官僚機構的儒家當成了迫害對象；而伊斯蘭教，因為它跟中亞各族群的關係比較密切——關係不大密切的那一部分實際上是在明初的格式化當中基本被消滅掉了——跟異族傳統聯繫得比較密切的那一部分形成了比較孤立的社區，從明朝初年到明朝末年，這些社區傾向於日益集中，就是說，儘管他們分布的範圍很廣，幾乎遍及了帝國的所有省區，但是在所有省區當中，他們都傾向於把原先在元朝時候比較分散的社區向地理上和社會政治上比較集中的區域集中。

這就是所謂「大散居，小聚居」，這種現象主要也是在明朝形成的。

21

您能不能再講講中國士大夫在記錄歷史時抹煞的那些秘密社團的歷史。

既然是被抹煞的，你就不能講出來；如果講出來了，那就不是被抹煞了的。但是你可以通過側面的證據來證明這中間存在著被人忽略的東西。道理很簡單，像孫恩那些人，或者像張角那些人，為什麼他出現在歷史紀錄中的時候已經是連州跨省，擁有數十萬人馬，占據了幾十個州的地方？按照正常的情況，我們可以說，你占領了一、兩個州的時候就應該給它記錄，那麼在占領幾十個州以前，它應該是已經在社會上有很大的影響，不可能是原先不存在，然後一夜就冒出來吧。

那麼合理的推論就是，他們原先處在社會上士大夫不太注意的那個角落，以至於勢力本來已經發展很大了，但士大夫根本不重視他們、不記錄他們，直到他們已經鬧到天子腳下來，不記錄不行的時候才勉強給他們記錄。所以留下的紀錄就顯得非常怪異，好像邏輯鏈條被略去了很多那個樣子。因為世界上沒有無中生有的東西，所以如果有些東西看上去像是無中生有的，那一定是記錄者忽略了很多東西。忽略很可能是故意的，是出於價值觀的緣故。如果不是出於價值觀的緣故的話，影響如此之大的事情是很難被忽略的。

22

把蘇南和浙江這類文化相近的地域劃歸成不同的行省，而把文化不同的地域劃歸為同一個行省，這樣的做法，始作俑者是哪個朝代？目的是為了阻止地方共同體發育成熟嗎？

主要是明朝。現在的行省制度基本上是在明初設計出來的，主要的目的還是為了打亂山川形勢，使每一個省區在軍事上都沒有辦法自守。文化上把它弄到犬牙交錯還是個次要的目的，但肯定也是考慮在內的。基本上是，吏治的目的主要就是為了拆散。

23

自蒙元之後，省級制度被保留下來，形成了高度集權的明帝國，小共同體更無出頭之日，蒙古是始作俑者嗎？

很難說蒙古是始作俑者，因為蒙古沒有辦法也沒有打算設計或者建立一個籠罩全帝國的穩定制度。可以說，後來所謂的行省制度是蒙古人創始的，但蒙古的行省制度是一個軍事措施和臨時措施，並不是籠罩全局的措施。不是說地理上劃出一整塊都歸於行省，只是說這一個區域的軍事行動都由該行中書省負責，軍事行動停止以後，後來的鎮壓行動也由該行中書省負責。這些地區內部通常鑲嵌著很多封建領地和種族集團。行省變成穩定的行政區域，那是明朝初年的事情。

24

第一，如果說純粹依靠史料的史學是不可靠的，四大文明古國的敘事和多元文明平等的敘事是神話、是沒有史料依據的，那為何就不能說，這種以色列北部為文明中心的文明擴散論不是您的理論建構呢？第二，關於自然條件演變對文明演進路線圖的影響，印度板塊碰撞到歐亞板塊是七千多萬年前的事情，在一萬年裡面喜馬拉雅山才長高了一點二米，這麼小的落差，到底能引起溫度和濕度多大的變化呢？您如何解釋。

你剛才那種說法就跟多元平等的理論是差不多的。你一定要說，為什麼警察可以打小偷而小偷不可以打警察，這是個沒有意義的問題。為什麼說中東地區是文明的起源而其他地區是文明的邊緣，有一個最簡單的解釋，就是，因為它跟目前的世界體系是一致的。如果它跟目前的世界體系是一致的，那麼它就是最好的解釋。你要有絕對正確的解釋方法，是不可能的。所有的理論多多少少都是零星材料和虛擬想像的結合。但是，你如果要說所有的虛擬想像，所有理論的可靠程度都是完全一樣的，因為它們都是不同程度的虛擬，那就是一個天下烏鴉一般黑的問題了。儘管歷史上沒有完全白的烏鴉，但是，各種烏鴉黑的程度明顯是相差甚遠，而且你完全有辦法把不同的黑的程度解釋清楚。

還有關於喜馬拉雅山的問題。你說的好像是造山運動是一個事件發生完了以後就不再發生了一樣，實際上青藏高原上升是一個連續不斷的進程，在現在也還是這樣。而且關鍵不在於它的高度有多少，而是它在這個上升的過程中引起了氣流的變化。從古地中海到東方——並不是什麼七千萬年前的事情，也就是距今一萬多年以前的事情——像裏海、鹹海這些地方，一直到現在新疆北部這些地方，在漢代以前，是有大片森林和獅子出沒的地區。外伊朗地區留下來的那些壁畫當中，有很多都是當地君王怎樣捕獵獅子的圖畫紀錄。儘管不一定是絕對寫實的，但至少可以說明當時當地的居民是經常看到獅子的。而直到東晉時代，佛教的朝聖者通過中亞路線來往印度的時候，現在的新疆，也就是當時的西域那個地區，在當時仍然是有獅子的。但在宋代以後，森林就變得很少了，獅子也就變得很少了。氣候變得乾燥、變得更加寒冷的趨勢是用很多方法都可以看出來的。不僅有文字紀錄，樹木和花粉這些東西也可以留下很多紀錄。而且，你不用追溯到高古時代，就是追溯到文字能夠記載，漢代班超以後這個時代，你也可以看出，從漢代到唐代再到明清時代，中亞地區的城邦一直是處在不斷退縮狀態的。漢代時期，張騫和班超所經過的路線，大部分已經連在沙漠之中，他曾經經過的古老樓蘭王國早已經不復存在。重新建立的鄯善，已經從沙漠的邊緣後退了一千多里了。這些證據都是明擺著的。所以，如果要想否認中亞地區整個生態環境的惡化，應該說是一件很沒有意思的事情，因為現在還沒有出現與此相反的說法。

25 依照安德森在《想像的共同體》中的描述，如果沒有東方向西方輸入的造紙術和印刷術，怎麼會有西方資本主義的興起，怎麼會有近代民族國家的想像？您如何解釋。

「沒有甲就沒有乙」這種邏輯是很荒謬的。如果沒有印第安人發明的樹皮的話，有很多人早已經死於瘧疾了，像新加坡這種地方是根本不可能變成繁榮的資本主義城市的。那麼你能說是，因為沒有印第安人，所以就沒有新加坡，所以新加坡的文明從本質上來講跟印第安人的文明是平等的。這樣的推論，你要堅持也可以，因為反對它是沒有必要的。但是它能說明什麼問題呢？假定西方的文明是依靠東方的造紙術建立的，這到底能夠說明什麼問題呢？你所吃的那些麵包也不是孔子時代吃過的，孔子從來沒有見過小麥，你吃的都是孔子從來沒有吃過的東西，這又說明什麼問題呢？答案是什麼也說明不了啊，這不過是文明傳導的一個孤立因素而已。

你的意思大概就是說，有東方向西方的傳導，也有西方向東方的傳導。但是我得說，這是一個誤解。你現在所使用的東方和西方的概念，一般來說都是指的是歐洲和非歐洲的差別，這不是文明演化史上的東方和西方。文明演化史上，其實沒有東方和西方的區別，只有核心區和邊緣區的區別。從敘利亞和以色列邊境，從亞述和以色列時代那個文明，在地理上講，也許是處在現在的東方，但是，它毫無疑問是希伯來人和希臘人的直系祖先，而希伯來人和希臘人又是現在美國人的直系祖先。你要按照這個推論的話，你甚至可以說，為什麼不把這些人算成是東方的祖先而一定要算成西方的祖先？這是沒有意義的說法。

東方和西方之間誰輸入文明多，誰輸入文明少，不是取決於它是在東方還是西方，而是取決於它處在文明的核心區還是處在文明的邊緣區。核心區的定義很簡單，它就是輸出較多而輸入較少的地區。例如中古時代的唐朝和印度相比，印度就始終是輸出較多的一方，而唐朝則是輸入較多的一方；同樣是中古時代的唐朝和日本相比，唐朝又是輸出較多的一方，日本是輸入較多的一方。你要找相反的例子當然也可以，例如日本的刀具之類的也有它的逆向輸出，但是，在相當長一段時間內，唐朝和明朝對日本的輸出是超出了日本的反向輸出的。這個結論大體上是站得住腳的。

當然，如果你目的是為了辯論勝利的話，你當然也可以列一個表，列出日本向唐朝和明朝的反向輸出，列出一個幾千項甚至幾萬項的名單，在別人給你列出同樣的名單以前，你可以花上幾天時間去做這個事情，然後別人就喪失耐心不跟你辯論了，你就可以假定自己勝利了。但是如果你要根據所謂健全常識的做法，只要廉價七成正確的話，我覺得浪費這種時間其實是一件根本沒有必要的事情。有很多事情，你只要瞭解大致上的框架就行了，無須瞭解每一個細節，就會得出差不多的比例感。

26 相對於歐洲福利國家的國民，中國人特別勤奮，這是否就是您說的費拉社會的特徵？

有一點你要注意，福利制度不是從天上掉下來的，基本上講，它是撫卹金或者是養老金的一種轉型。它最初不是免費給你的，所有福利制度的起源都是支付給武士的一種保險金。可以說如果你一開始不是武士或軍人的話，你不會有什麼福利的。伊斯蘭教的福利制度是從哪兒來的？從異教徒那裡徵收賦稅來供養那些為伊斯蘭教征戰的武士和他們的孤兒寡婦的。羅馬人的福利是從哪兒來的？是為羅馬退伍軍人所準備的撫卹金，所以他不會回到外邦去。歐洲的福利是從哪兒來的？是第一次世界大戰以後為退伍軍人所設置的福利制度，而由於全民動員的緣故，退伍軍人差不多就是一個民族的全部男性人口，從這裡開始，才產生了現在的福利制度。

所以你可以看出，如果你是被征服者的民族的話，你對福利的概念是非常陌生的。你不是福利的享受者，而是福利的提供者。羅馬人的福利是從哪兒來的？是由埃及的被征服者生產出來的產品去養活羅馬那些傷殘武士，這就是羅馬福利制度的起源。中國人和滿洲人的關係是什麼？滿洲人就像是羅馬武士一樣，八旗子弟世世代代享有的那些東西是什麼？它們就是羅馬和歐洲福利的對應物。為什麼中國人沒有福利而且不想有福利？因為他們的政治本能告訴他，他們不是征服者而是被征服者，只要別人不要為自己的福利而向他們索取，他們就該感謝上帝了，他們有什麼資格去索取福利呢。你能夠征服，然後你的後代才能夠享受征服者留下的紅利，體現為福利形式。

福利的壞處在哪裡？它會腐化征服者的政治德性，使你以後喪失征服的能力。在你喪失征服的能力以後，福利慢慢的也會喪失。但這一切跟被征服者確實是沒有什麼關係的。如果你始終是被征服者的話，你自然而然是根本想不到福利的概念，而且對於被征服者來說，因為你不能為國家提供軍事服務，你唯一的貢獻就是勞動。征服者無須勞動，就可以利用他們流血的收入來享有福利；而被征服者如果不能勞動，他在社會上就是完全多餘的人。所以被征服者當然應該比征服者勤奮。勤奮是被征服者的美德，而勇敢是征服者的美德。這裡面的道理其實是非常簡單的。

27

如果中國不斷受到西方的侵擾，是否會導致中華帝國再次陷入瓦解的境地？反過來說，如果中國能取得技術中心的地位，又能否和美國匹敵？

什麼是帝國呢？帝國就是一個秩序的窪地。如果你的秩序非常豐富，那你肯定會產生出像希臘城邦或者孔子時代的春秋列國那種非常多元化的組織，在這種情況下是不會產生帝國的。帝國是什麼？帝國是簡單化的產物，它是你自己的秩序生產力受到嚴重損害以後，不得不依靠殘餘秩序來彌補。一般來說，帝國產生是文明從秩序輸出轉向秩序輸入的一個轉折點。在帝國以前，例如希臘城邦和春秋城邦，那是你的秩序生產和輸出期。羅馬帝國和秦帝國的成立，標誌著你由秩序輸出轉為秩序輸入了。以前，你殖民蠻族；以後，蠻族要越過長城入侵你了。所以帝國是一個秩序的窪地。因為大自然厭惡真空，秩序生產力強的地方，自然而然的就會被秩序生產力弱的地方造成的低氣壓所吸引，導致秩序從一方輸入到另外一方。孔子那個時代，可以說華夏諸邦是不斷向蠻族的境域殖民的；而秦始皇以後，就變成塞外的蠻族不斷的破關而入。僅僅是這兩者，你就可以看出什麼是帝國的本質了。換句話說，你能夠建立帝國這件事情本身，就已經說明了你的秩序生產力已經受到了不可逆的損害。

一般來說，帝國注定是短命的。帝國的成立就是滅亡的開端。之所以會有第二個帝國出現，是因為原有的帝國滅亡了，原先的人和原先的秩序已經換了一批了。新的人在他還能夠輸出秩序的情況下也不是帝國，例如滅亡了帝國的五胡，在他們相當於歐洲封建的時候，建立了五胡十六國或者北朝這樣的體制。然後等到他們最終也切斷了技術輸入，逐步走向腐朽的時候，他們又建立了新的隋唐帝國。隋唐帝國從建立之時就開始走向沒落，然後又產生了安祿山之亂和後來的遼金元清體制。一般人認為的帝國最盛期，恰好就是它已經把原先的積累下來的秩序資源消耗殆盡，然後轉入不可避免的滅亡那個過程。所以「帝國必然滅亡」是一個錯誤的同義重複，因為帝國本身就是文明滅亡的一個現象，是文明滅亡這個過程本身產生了帝國，而帝國的滅亡則意味著新一輪文明的開始，它實際上是一種解放，是一種從頭開始，就像羅馬滅亡以後日耳曼人重新啟動文明。隋唐是誰的後裔呢？是入侵漢魏帝國的五胡的後代。明清是誰的後裔呢？是滅亡了宋朝的那些東北亞部落的後代。經過一次又一次的刷新，也就是說經過了新的秩序輸入以後，你才能夠建立新的文明。在新的文明衰落以後，你又由多國體系重新淪為帝國了，然後又由帝國而滅亡，然後新的文明仍然是要以多國體系為起點才能重新開始。

至於是好還是壞，看是對誰了。對於國有企業的下崗工人來說，市場經濟難道是一件好事麼？顯然不是。因為你已經被保護得太久了，已經完全喪失競爭力了。在沒有保護或者是保護剛剛開始的時候，你跟別人差距不太大，這時候競爭對你來說不是件很痛苦的事情；但是在你被保護得太久的時候，你無論如何也不可能恢復競爭能力的情況下，這時候突然長城倒下，你被迫被赤裸裸地拋到殘酷的競爭中間，下場只有滅亡，這對你難道是好事麼？所以顯然不是對所有人都是好事。但是，確實存在著這樣一個節點，就是說，你封閉得太久、被保護得太久以後，實際上你無論如何都是要死滅的，在這種情況下，你合理的做法就是盡可能把保護牆維持得更長一段時間，讓它在你自己死後才倒。等你越過這個節點的時候，無論你個人的命運是什麼，你所在的那個文明實際上已經是不可救藥了。晚期文明最大的特點就是帝國。帝國是用來幹什麼的呢？就是用來隔絕來自外界的競爭的，用來結束在文明早期促使文明不斷分化和發展的那些競爭的。然後你就可以享受一種養老院式的幸福，但這個幸福是享受不久的。

像現在的情況，應該說，它基本上是一個技術輸入區吧。它本身，其實不僅是現在的中共，就是清末以來已經是這樣了。晚清跟早期的清朝不一樣：早期的清朝是中亞的秩序輸入；而晚期的清朝是什麼呢，它是一個非常類似於穆罕默德・阿里或者奧斯曼帝國那樣的一個代理人政權，它的用途是輸入西方技術，綏靖內地。如果沒有西方的貸款，清朝會變成什麼樣子呢？它會不得不像崇禎皇帝那樣加派田賦來維持它的財政，然後呢，就會產生出大批的李自成和張獻忠，把它逼得走投無路。為什麼這樣的事情沒有發生？因為曾國藩、李鴻章、左宗棠這種人能夠得到西洋人的支持，西洋顧問給他提供軍火、提供軍事訓練，西洋的銀行家給他借錢，這樣，他們利用了西方已經搞起來的金融體系和技術體系，鎮壓內部的叛亂變得不太成問題了。崇禎皇帝依靠左良玉那種人去鎮壓李自成是鎮壓不下去的，但是大清皇帝依靠李鴻章和洋槍隊來鎮壓太平軍則是可以的，左宗棠也可以依靠英國和德國的貸款去打那些中亞的穆斯林。沒有西方的技術的話，大清早已滅亡了。如果沒有西方技術的輸出的話，中共在九十年代末期也早已滅亡了。

所以它等於是這樣一個政權，它相當於是剛果的酋長或者是古朝鮮的衛右渠政權。你知道《史記》和《漢書》對衛右渠政權是怎麼樣形容的嗎，他是漢朝邊境地區的一個酋長，他的主要工作是跟漢朝進行貿易，換取漢朝的鐵器，然後把這些鐵器做成武器，去征服周圍的部落，那些部落還沒有自己的冶鐵工業，所以碰上有鐵的對手打不過。衛滿朝鮮就是這樣建立起來的，它依靠漢朝給它輸入的技術來征服那些技術比它更落後的部落。當然它這樣做其實也鬥不過漢朝，最後衛滿朝鮮還是亡在漢朝手裡面了。剛果河的部落酋長也是這樣，他是出賣非洲的土特產和奴隸，向歐洲人換取火槍和蘭姆酒的，然後他依靠火槍和蘭姆酒為武器，征服內地其他部落，然後最後亡在歐洲人手裡面。西非的穆斯林帝國也是這樣的，它是出口本地的金砂和鹽，賣給北非的穆斯林，然後從穆斯林世界進口教士、官員和武士，用這些力量去征服周圍的部落，建立西非大帝國的。這些帝國從宮廷的角度來看，好像跟巴格達的帝國沒有什麼差別。但是這只是表象。你如果說西非的這些金鹽帝國和巴格達的哈里發帝國是平起平坐的政權，那顯然對巴格達帝國是很不公平的，因為巴格達帝國是資源和秩序的輸出者，而西非這些金鹽帝國沒有這種輸入它馬上就會完蛋。剛果河那些黑人奴隸主、奴隸販子建立起來的政權，跟歐洲人的政權也不處在同一個級別上。

現在中共就是扮演這樣的一個角色，它顯然沒有能力進行競爭的，而且它很顯然有較大的概率經過一段時間後就被搞掉。因為這樣一種技術壟斷是很困難的，像衛右渠處在他那種情況下，他無法保證，比如說南部的三韓部落，它也到漢朝去搞一些鐵器出來跟你競爭，而漢朝本身也會搞掉他。換成後來的大清，也是這樣的：左宗棠可以利用歐洲的貸款和軍隊去鎮壓內地的穆斯林，而穆斯林也可以通過奧斯曼帝國去搞一些歐洲的教官和歐洲的軍火來對付你，而且歐洲人自己也可以把你李鴻章和左宗棠都打翻。這兩種事情後來都發生了。所以大清處在這種地位，它的處境是天然不穩定的。現在你的處境也就是這個樣子的。

28 您覺得當局鞏固中華民族概念的手段是否會有效？

嚴格來說，無論中華民族還是漢民族都不是民族。什麼叫做民族呢？民族包括一層含義，就是說，你和我之間有著一種高層次的信任和相互維護的願望，比起沒有這種關係的人要深一層。直截了當說，如果我跟你是一家人的話，那麼我肯定更願意幫你來反對其他人，而不願意幫其他人來反對你。無論是漢人還是中華民族都不符合這個定義。它恰好是組織解體以後的產物，它最大的特點就是不團結，這是有很多人重複過很多次的了，他們之間的內鬥比起外鬥要強得多。你得注意，這個所謂的擅長內鬥而不擅長外戰這件事情本身就在指出，這個社會不能稱之為民族。

要僅僅通過塑造的方式製造一個民族，這是不大可能的事情，因為人是有本能的反應的。例如潮汕人和廣州人打架的時候，他會忍不住幫他的同鄉的，以此為依據，你可以說潮汕人是一個民族，而他跟廣州人不是一個民族。但是，中國人跟中國人在一起的時候，他們肯定不會有這樣的關係。這個關係是出於本能的，出於本能的東西是沒有辦法依靠理論上的解構或者建構建立起來。乾脆的說吧，你可以畫一張圖紙，說你在沙灘上已經建立起了一座高樓大廈，但是你實際上是建立不起來的，你只能做紙上談兵的工作。像梁啟超以來，很大一部分人都是在做紙上談兵的工作。但不是你說它有，它就一定會有的。你只能夠在紙面上的那個世界中管用，實際上還是不管用。用一句簡單的話說，如果中華民族真的存在的話，那麼像抓壯丁這樣的故事就不會出現。如果中華民族是一個民族的話，那你開始的時候就不用去抓壯丁了，他們肯定會自願參軍入伍的。波蘭人是不會有抓壯丁的問題的，他們肯定會自己團結起來保護自己的。為什麼國民政府一抓壯丁大家就逃散呢？很簡單，因為蔣介石希望中華民族存在，他是中華民族的民族英雄，然而中華民族並不存在，支持不起他這個民族英雄的夢想。他一定要在沙灘上蓋一座大廈，結果就把自己給蓋塌了。

29 您認為未來的中國是會像英格蘭文明在歐洲文明中脫穎而出，還是像駐馬店取代上海灘？如果是後一種的話，機會窗口會在幾年內關閉？

你有兩種方法可以改善你的地位：第一種方法是提高效果，第二種方法是降低成本。最糟糕的是處在兩者當中。如果你提高效果的速度，比如說你提高了百分之五十的效果，但是增加了一倍的成本，那麼算下來你是吃虧的；如果你降低了一半的成本，卻只損失了四分之一的效果，其實你是佔便宜的。說得乾脆一點，如果你直截了當去做蟑螂的話，其實有可能勝利的，因為你雖然是把效果降得很差了，但是你已經把成本降得非常非常低了，就憑你成本非常非常低，別人就很難消滅掉你的。或者呢，你要不高興做蟑螂，要高興做獅子也行，但是做獅子的成本是很高的，你要彌補這樣的高成本，必須要有高收益。如果你的成本像獅子一樣高，而收益像蟑螂一樣差的話，你基本上是注定要完蛋的。國民黨就是這樣完蛋的，它一定要冒充一個西方國家，也就是說要同時做獅子和蟑螂，於是它的成本太高而收效太低；而共產黨呢，效果雖然還不如它，但它至少把成本給壓到蟑螂的水平了，所以反而勝利了。

所以未來的情況就是，你要在成本和收益之間維持一種適當的平衡。為什麼上海人不容易鬥得過駐馬店人？如果上海人像英國人一樣，那也可以說，他的成本雖然高，但是收益已經足夠高，足以彌補他的成本了。但他又不是英國人。如果他乾脆直接做河南人，雖然是收效很差勁，而成本至少也很低，他也能混得下去。但他的情況確實是像當年的蔣介石一樣，他要裝逼，裝逼的成本是很高的，但是他又沒有真正能夠獲得歐洲人那樣的收益，而成本已經弄得跟歐洲人差不多了。這樣的下場，它很可能像是蔣介石鬥不過毛澤東一樣，反而鬥不過河南人。河南人可以依靠不裝逼、降低生活成本而活下來；而你的生活成本卻降不下來，但是你生活成本跟歐洲人一樣高了以後，你又得不到跟歐洲人同樣的效果，結果你很容易兩頭落空的。一般滅亡的人不是最高貴的人，也不是最低賤的人，就是卡在中間上不上下不下的那種人。

【編後語】

《中國窪地》一書是在劉仲敬三篇演講的基礎上彙編整理而成。第一講，外伊朗黃金時代的內亞秩序，是二〇一六年十一月十九日冬川豆主辦的講座。第二講，內亞海洋與帝國秩序，是二〇一五年十月三十日劉仲敬在上海領教工坊前沿沙龍的講座。第三講，從華夏到中國，是二〇一五年八月二十八日劉仲敬在騰訊思享會所作演講，原題是：「假如青年有智慧——從華夏到中國」。

這三次演講的主題都是「秩序輸出」，內亞是巨大的旋轉門，扮演了文明和秩序籍此流向東亞大陸窪地的地理角色。如果《遠東的線索》是劉仲敬秩序輸出論的近代版，則本書可視為秩序輸出論的古代版和口語版。劉仲敬的觀點見仁見智，八旗文化期待藉此呈現歷史解釋體系的各種可能。

劉仲敬點評近現代人物系列

《近代史的墮落．晚清北洋卷》

慈禧／曾國藩／孫文／袁世凱／李鴻章／張作霖／黃興／閻錫山／謝介石……

是歷史左右了他們，還是他們推動了歷史？

裝門面的歷史敘事和真實的歷史線索往往南轅北轍，但從來不曾像二十世紀的遠東這樣刺目和墮落。

劉仲敬點評近現代人物系列

《近代史的墮落．國共卷》

蔣介石／杜月笙／宋慶齡／劉少奇／周恩來／蔣經國／鄧小平／毛澤東……

時代與性格。命運與路徑。
掙扎與突破。使命與宿命。

「墮落的近代史」就在國共兩黨人物的認知圖景裡，如此演進。

劉仲敬顛覆傳統歷史認知框架之作

《遠東的線索：西方秩序的輸入與中國的演變》

中國一貫用神話代替歷史，誤解自己在世界上的真實地位。

東亞近代史的主軸並非掙脫西方宰制的民族復興，在東亞大陸的秩序窪地上，中國有可能獨自建構政治秩序嗎？

一部以秩序的輸入和輸出解釋 1912 年至今，百年東亞變遷的歷史與政治

中國窪地

一部內亞主導東亞的簡史

作者　劉仲敬
責任編輯　穆通安
企劃　蔡慧華
封面設計　許紘維
排版設計　宸遠彩藝
出版　八旗文化／遠足文化事業股份有限公司
發行　遠足文化事業股份有限公司（讀書共和國出版集團）
地址　新北市新店區民權路 108-2 號 9 樓
電話　〇二～二二一八～一四一七
傳真　〇二～二二一八～八〇五七
客服專線　〇八〇〇～二二一～〇二九
信箱　gusa0601@gmail.com
臉書　facebook.com/gusapublishing
部落格　gusapublishing.blogspot.com
法律顧問　華洋法律事務所／蘇文生律師
印刷　成陽印刷股份有限公司
出版日期　二〇一七年十一月（初版一刷）
二〇二三年〇八月（初版十刷）
定價　三六〇元整

◎版權所有，翻印必究。本書如有缺頁、破損、裝訂錯誤，請寄回更換
◎歡迎團體訂購，另有優惠。請電洽業務部（02）22181417 分機 1124
◎本書言論內容，不代表本公司／出版集團之立場或意見，文責由作者自行承擔

中國窪地：
一部內亞主導東亞的簡史
劉仲敬著——新北市：八旗文化出版
遠足文化發行，二〇一七年十一月
二八〇面——一四・五×二一・五公分

ISBN 978-986-95418-2-4（平裝）

一、亞洲史　二、近代史　三、國際政治

730・26
106015844